요한계시록을 통하여

# 하나님의 구속 경륜을 보라

요한계시록을 통하여

# 하나님의 구속 경륜을 보라

2024년 09월 30일 초판 발행

엮은이 | 김영길
발행인 | 박찬우
발행처 | 파랑새미디어
등록번호 | 제313-2006-000085호

서울특별시 마포구 서교동 357-1 서교프라자 318
전화 | 02-333-8311

가격 10,000원
ISBN 979-11-5721-196-8 03230

요한계시록을 통하여

# 하나님의 구속 경륜을 보라

# 머 리 말

그때에 사람들이 인자가 구름을 타고 능력과 큰 영광으로 오는 것을 보리라 이런 일이 되기를 시작하거든 일어나 머리를 들라 너희 속량이 가까웠느니라

계시록을 통하여 일곱 봉인에 담긴 심판, 일곱 나팔 소리 심판, 진노의 일곱 대접 심판, 이와 같은 3대 재앙을 통하여 믿는 자와 믿지 않는 자에게 미치는 영향이 확연히 다르다는 것을 여러분이 말씀과 성령 안에서 깨달아 알게 되리라 믿습니다.

믿지 않는 자들이 이 재앙들이 밀려올 때에 그것들에 밟힘을 당할 것을 이 계시록이 믿는 자들이 밝히 깨달아 알게 할 것입니다. 여기 하나님의 뜻이 있다고 봅니다. 믿는 성도들이 땅끝까지 복음을 전파하라 하신 주님의 그 명령에 순종하여 더욱 힘써 복음을 전파하여야 할 때라고 생각합니다.

주의 나타나심을 사모하는 모든 성도들은 장차 올 이 모든 일을 능히 피하고 의의 면류관이 예비되어 있음을 또한 밝히 알게 될 것입니다.

내 아버지의 뜻은 아들을 보고 믿는 자마다 영생을 얻는 이것이니 마지막 날에 내가 이를 다시 살리리라 하시니라 하신 약속의 말씀을 믿고 의지하여 믿는 우리 성도들은 오직 그리스도를 믿음으로 하나님께로부터 난 의를 옷 입고 마지막 달려갈 길을 가야 할 때라고 생각합니다.

엮은이 김영길

## 목 차

# 예수 그리스도의 계시라 (1장)

계1:1~8 | 1 예수 그리스도의 계시라 이는 하나님이 그에게 주사 반드시 속히 일
어날 일[1]들을 그 종들[2]에게 보이시려고 그의 천사를 그 종 요한에게 보내어 알
게 하신 것이라
2 요한은 하나님의 말씀과 예수 그리스도의 증거 곧 자기가 본 것을 다 증언하였
느니라
3 이 예언의 말씀을 읽는 자와 듣는 자와 그 가운데에 기록한 것을 지키는 자는
복이 있나니 때가 가까움이라
4 요한은 아시아에 있는 일곱 교회에 편지하노니 이제도 계시고 전에도 계셨고
장차 오실 이[3]와 그의 보좌 앞에 있는 일곱 영[4]과
5 또 충성된 증인으로 죽은 자[5]들 가운데에서 먼저 나시고 땅의 임금들[6]의 머리
가 되신 예수 그리스도로 말미암아 은혜와 평강이 너희에게 있기를 원하노라 우
리를 사랑하사 그의 피로 우리 죄에서 우리를 해방하시고

말씀과 성령 안에서 답을 찾으라

1) (눅21:27~28) 27 그때에 사람들이 인자가 구름을 타고 능력과 큰 영광으로 오는 것을 보리라 28 이런 일이 되기를 시작하거든 일어나 머리를 들라 너희 속량이 가까웠느니라 하시더라
2) (롬6:17~18, 22) 17 하나님께 감사하리로다 너희가 본래 죄의 종이더니 너희에게 전하여준 바 교훈의 본을 마음으로 순종하여 18 죄로부터 해방되어 의에게 종이 되었느니라. 22 그러나 이제는 너희가 죄로부터 해방되고 하나님께 종이 되어 거룩함에 이르는 열매를 맺었으니 그 마지막은 영생이라
3) (출3:14) 하나님이 모세에게 이르시되 나는 스스로 있는 자이니라 또 이르시되 너는 이스라엘 자손에게 이같이 이르기를 스스로 있는 자가 나를 너희에게 보내셨다 하라
4) (사11:2) 그의 위에 여호와의 영 곧 지혜와 총명의 영이요 모략과 재능의 영이요 지식과 여호와 를 경외하는 영이 강림하시리니
5) (계20:4) 또 내가 보좌들을 보니 거기에 앉은 자들이 있어 심판하는 권세를 받았더라 또 내가 보니 예수를 증언함과 하나님의 말씀 때문에 목 베임을 당한 자들의 영혼들과 또 짐승과 그의 우상에게 경배하지 아니하고 그들의 이마와 손에 그의 표를 받지 아니한 자들이 살아서 그리스도와 더불어 천 년 동안 왕 노릇하니
6) (계6:15) 땅의 임금들과 왕족들과 장군들과 부자들과 강한 자들과 모든 종과 자유인이 굴과 산들의 바위틈에 숨어

6 그의 아버지 하나님을 위하여 우리를 나라와 제사장[7]으로 삼으신 그에게 영광
과 능력이 세세토록 있기를 원하노라 아멘
7 볼지어다 그가 구름을 타고 오시리라[8] 각 사람의 눈이 그를 보겠고 그를 찌른
자[9]들도 볼 것이요 땅에 있는 모든 족속이 그로 말미암아 애곡하리니 그러하리
라 아멘
8 주 하나님이 이르시되 나는 알파와 오메가라 이제도 있고 전에도 있었고 장차
올 자요 전능한 자라 하시더라

말씀과 성령 안에서 답을 찾으라

7) (계5:10) 그들로 우리 하나님 앞에서 나라와 제사장을 삼으셨으니 그들이 땅에서 왕 노릇 하리로다 하더라

8) (출19:9) 여호와께서 모세에게 이르시되 내가 빽빽한 구름 가운데서 네게 임함은 내가 너와 말하는 것을 백성들이 듣게 하며 또한 너를 영영히 믿게하려 함이니라 모세가 백성의 말을 여호와께 아뢰었으므로

9) (슥12:10) 내가 다윗의 집과 예루살렘 주민에게 은총과 간구하는 심령을 부어 주리니 그들이 그 찌른 바 그를 바라보고 그를 위하여 애통하기를 독자를 위하여 애통하듯 하며 그를 위하여 통곡하기를 장자를 위하여 통곡하듯 하리로다

# 그리스도의 명령 (1장)

계1:9~20 | 9 나 요한은 너희 형제요 예수의 환난과 나라와 참음에 동참하는 자라
하나님의 말씀과 예수를 증언하였음으로 말미암아 밧모라 하는 섬에 있었더니
10 주의 날에 내가 성령에 감동되어 내 뒤에서 나는 나팔 소리 같은 큰 음성[1]을
들으니
11 이르되 네가 보는 것을 두루마리에 써서 에베소, 서머나, 버가모, 두아디라, 사
데, 빌라델비아, 라오디게아 등 일곱 교회에 보내라 하시고
12 몸을 돌이켜 나에게 말한 음성을 알아보려고 돌이킬 때에 일곱 금 촛대[2]를 보
았는데
13 촛대 사이에 인자 같은 이[3]가 발에 끌리는 옷을 입고 가슴에 금띠를 띠고
14 그의 머리와 털의 희기가 흰 양털 같고 눈 같으며 그의 눈은 불꽃 같고
15 그의 발은 풀무불에 단련한 빛난 주석 같고 그의 음성은 많은 물소리와 같으며
16 그의 오른손에 일곱 별이 있고 그의 입에서 좌우에 날선 검이 나오고 그 얼굴
은 해가 힘 있게 비치는 것 같더라
17 내가 볼 때에 그의 발 앞에 엎드러져 죽은 자같이 되매 그가 오른손을 내게 얹
고 이르시되 두려워하지 말라 나는 처음이요 마지막이니

말씀과 성령 안에서 답을 찾으라

1) (계4:1) 이 일 후에 내가 보니 하늘에 열린 문이 있는데 내가 들은 바 처음에 내게 말하던 나팔 소리 같은그 음성이 이르되 이리로 올라오라 이후에 마땅히 일어날 일들을 내가 네게 보이리라 하시더라
2) (계1:20) 네가 본 것은 내 오른손의 일곱 별의 비밀과 또 일곱 금 촛대라 일곱 별은 일곱 교회의 사자요 일곱 촛대는 일곱 교회니라
3) (단7:13) 내가 또 밤 환상 중에 보니 인자 같은 이가 하늘 구름을 타고 와서 옛적부터 항상 계신 이에게 나아가 그 앞으로 인도되매

18 곧 살아있는 자라 내가 전에 죽었었노라 볼지어다 이제 세세토록 살아있어 사
망과 음부[4]의 열쇠를 가졌노니
19 그러므로 네가 본 것과 지금 있는 일과 장차 될 일을 기록하라
20 네가 본 것은 내 오른손의 일곱 별의 비밀과 또 일곱 금 촛대라 일곱 별은 일
곱 교회의 사자[5]요 일곱 촛대는 일곱 교회니라

말씀과 성령 안에서 답을 찾으라

4) (계20:13~14) 13 바다가그 가운데에서 죽은 자들을 내주고 또 사망과 음부도 그 가운데에서 죽은 자들을 내주매 각 사람이 자기 행위대로 심판을 받고 14 사망과 음부도 불못에 던져지니 이것은 둘째 사망 곧 불못이라

5) (눅1:11~13, 계1:1, 히1:14) 11 주의 사자가 그에게 나타나 향단 우편에 선지라 12 사가랴가 보고 놀라며 무서워하니 13 천사가 그에게 이르되 사가랴여 무서워하지 말라 너의 간구함이 들린지라 네 아내 엘리사벳이 네게 아들을 낳아 주리니 그 이름을 요한이라 하라, 1 예수 그리스도의 계시라 이는 하나님이 그에게 주사 반드시 속히 일어날 일들을 그 종들에게 보이시려고 그의 천사를 그 종 요한에게 보내어 알게 하신 것이라, 14 모든 천사들은 섬기는 영으로서 구원받을 상속자들을 위하여 섬기라고 보내심이 아니냐

# 에베소 교회에 보내는 말씀 (2장)

**계2:1~7 |** 1 에베소 교회의 사자[1]에게 편지하라 오른손에 있는 일곱 별을 붙잡고
일곱 금 촛대 사이를 거니시는 이[2]가 이르시되
2 내가 네 행위와 수고와 네 인내를 알고 또 악한 자들을 용납하지 아니한 것과
자칭 사도라 하되 아닌 자들을 시험하여 그의 거짓된 것을 네가 드러낸 것과
3 또 네가 참고 내 이름을 위하여 견디고 게으르지 아니한 것을 아노라
4 그러나 너를 책망할 것이 있나니 너의 처음 사랑을 버렸느니라
5 그러므로 어디서 떨어졌는지를 생각하고 회개하여 처음 행위를 가지라 만일
그리하지 아니하고 회개하지 아니하면 내가 네게 가서 네 촛대[3]를 그 자리에서
옮기리라
6 오직 네게 이것이 있으니 네가 니골라당의 행위를 미워하는도다 나도 이것을
미워하노라
7 귀 있는 자는 성령이 교회들에게 하시는 말씀을 들을지어다 이기는 그[4]에게는
내가 하나님의 낙원에 있는 생명나무의 열매를 주어 먹게 하리라

말씀과 성령 안에서 답을 찾으라

1) (눅1:11~13, 계1:1, 히1:14, 겔1:8) 11 주의 사자가 그에게 나타나 향단 우편에 선지라 12 사가랴가 보고 놀라며 무서워하니 13 천사가 그에게 이르되 사가랴여 무서워하지 말라 너의 간구함이 들린지라 네 아내 엘리사벳이 네게 아들을 낳아 주리니 그 이름을 요한이라 하라, 1 예수 그리스도의 계시라 이는 하나님이 그에게 주사 반드시 속히 일어날 일들을그 종들에게 보이시려고 그의 천사를 그 종 요한에게 보내어 알게 하신 것이라, 14 모든 천사들은 섬기는 영으로서 구원받을 상속자들을 위하여 섬기라고 보내심이 아니냐, 8 그러나 우리나 혹은 하늘로부터 온 천사라도 우리가 너희에게 전한 복음 외에 다른 복음을 전하면 저주를 받을지어다

2) (단7:13) 내가 또 밤 환상 중에 보니 인자 같은 이가 하늘 구름을 타고 와서 옛적부터 항상 계신 이에게 나아가 그 앞으로 인도되매

3) (계1:20) 네가 본 것은 내 오른손의 일곱 별의 비밀과 또 일곱 금 촛대라 일곱 별은 일곱 교회의 사자요 일곱 촛대는 일곱 교회니라

4) (요일5:4~5, 고후2:14, 계21:7) 4 무릇 하나님께로부터 난 자마다 세상을 이기느니라 세상을 이기는 승리는 이것이니 우리의 믿음이니라 5 예수께서 하나님의 아들이심을 믿는 자가 아니면 세상을 이기는 자가 누구냐, 14 항상 우리를 그리스도 안에서 이기게 하시고 우리로 말미암아 각처에서 그리스도를 아는 냄새를 나타내시는 하나님께 감사하노라, 7 이기는 자는 이것들을 상속으로 받으리라 나는 그의 하나님이 되고 그는 내 아들이 되리라

# 서머나 교회에 보내는 말씀 (2장)

계2:8~11 | 8 서머나 교회의 사자에게 편지하라 처음이며 마지막이요 죽었다가
살아나신 이가 이르시되
9 내가 네 환난[1]과 궁핍을 알거니와 실상은 네가 부요한 자니라 자칭 유대인이
라 하는 자들의 비방도 알거니와 실상은 유대인이 아니요 사탄의 회당이라
10 너는 장차 받을 고난을 두려워하지 말라 볼지어다 마귀가 장차 너희 가운데
에서 몇 사람을 옥에 던져 시험을 받게 하리니 너희가 십 일 동안 환난을 받으리
라 네가 죽도록 충성하라 그리하면 내가 생명의 관[2]을 네게 주리라
11 귀 있는 자는 성령이 교회들에게 하시는 말씀을 들을지어다 이기는 자[3]는 둘
째 사망[4])의 해를 받지 아니하리라

말씀과 성령 안에서 답을 찾으라

1) (히10:33~34) 33 혹은 비방과 환난으로써 사람에게 구경거리가 되고 혹은 이런 형편에 있는 자들과 사귀는 자가 되었으니 34 너희가 갇힌 자를 동정하고 너희 소유를 빼앗기는 것도 기쁘게 당한 것은 더 낫고 영구한 소유가 있는 줄 앎이라

2) (약1:12) 시험을 참는 자는 복이 있나니 이는 시련을 견디어낸 자가 주께서 자기를 사랑하는 자들에게 약속하신 생명의 면류관을 얻을 것이기 때문이라

3) (요일5:4~5, 고후2:14, 계21:7) 4 무릇 하나님께로부터 난 자마다 세상을 이기느니라 세상을 이기는 승리는 이것이니 우리의 믿음이니라 5 예수께서 하나님의 아들이심을 믿는 자가 아니면 세상을 이기는 자가 누구냐, 14 항상 우리를 그리스도 안에서 이기게 하시고 우리로 말미암아 각처에서 그리스도를 아는 냄새를 나타내시는 하나님께 감사하노라, 7 이기는 자는 이것들을 상속으로 받으리라 나는 그의 하나님이 되고 그는 내 아들이 되리라

4) (계20:14~15, 21:8) 14 사망과 음부도 불못에 던져지니 이것은 둘째 사망 곧 불못이라 15 누구든지 생명책에 기록되지 못한 자는 불못에 던져지더라, 8 그러나 두려워하는 자들과 믿지 아니하는 자들과 흉악한 자들과 살인자들과 음행하는 자들과 점술가들과 우상 숭배자들과 거짓말하는 모든 자들은 불과 유황으로 타는 못에 던져지리니 이것이 둘째 사망이라

# 버가모 교회에 보내는 말씀 (2장)

**계2:12~17 | 12** 버가모 교회의 사자에게 편지하라 좌우에 날선 검[1]을 가지신 이가 이르시되

**13** 네가 어디에 사는지를 내가 아노니 거기는 사탄의 권좌가 있는 데라 네가 내 이름을 굳게 잡아서 내 충성된 증인 안디바가 너희 가운데 곧 사탄이 사는 곳에서 죽임을 당할 때에도 나를 믿는 믿음을 저버리지 아니하였도다

**14** 그러나 네게 두어 가지 책망할 것이 있나니 거기 네게 발람의 교훈을 지키는 자들이 있도다 발람이 발락을 가르쳐 이스라엘 자손 앞에 걸림돌을 놓아 우상의 제물을 먹게 하였고 또 행음하게 하였느니라

**15** 이와 같이 네게도 니골라 당의 교훈을 지키는 자들이 있도다

**16** 그러므로 회개하라 그리하지 아니하면 내가 네게 속히 가서 내 입의 검으로 그들과 싸우리라

**17** 귀 있는 자는 성령이 교회들에게 하시는 말씀을 들을지어다 이기는 그에게는 내가 감추었던 만나를 주고[2] 또 흰 돌[3]을 줄 터인데 그 돌 위에 새 이름을 기록한 것이 있나니 받는 자 밖에는 그 이름을 알 사람이 없느니라



1) (엡6:17) 구원의 투구와 성령의 검 곧 하나님의 말씀을 가지라

2) (신8:3) 너를 낮추시며 너를 주리게 하시며 또 너도 알지 못하며 네 조상들도 알지 못하던 만나를 네게 먹이신 것은 사람이 떡으로만 사는 것이 아니요 여호와의 입에서 나오는 모든 말씀으로 사는 줄을 네가 알게 하려 하심이라

3) (슥3:9, 롬9:33, 고전10:4) 9 만군의 여호와가 말하노라 내가 너 여호수아 앞에 세운 돌을 보라 한 돌에 일곱 눈이 있느니라 내가 거기에 새길 것을 새기며 이 땅의 죄악을 하루에 제거하리라, 33 기록된 바 보라 내가 걸림돌과 거치는 바위를 시온에 두노니 그를 믿는 자는 부끄러움을 당하지 아니하리라, 4 다 같은 신령한 음료를 마셨으니 이는 그들을 따르는 신령한 반석으로부터 마셨으매 그 반석은 곧 그리스도시라

# 두아디라 교회에 보내는 말씀 (2장)

계2:18~29 | 18 두아디라 교회의 사자에게 편지하라 그 눈이 불꽃 같고 그 발이
빛난 주석과 같은 하나님의 아들이 이르시되
19 내가 네 사업과 사랑과 믿음과 섬김과 인내를 아노니 네 나중 행위가 처음 것
보다 많도다
20 그러나 네게 책망할 일이 있노라 자칭 선지자라 하는 여자 이세벨을 네가 용납
함이니 그가 내 종들을 가르쳐 꾀어 행음하게 하고 우상의 제물을 먹게 하는도다
21 또 내가 그에게 회개할 기회를 주었으되 자기의 음행을 회개하고자 하지 아니
하는도다[1)]
22 볼지어다 내가 그를 침상에 던질 터이요 또 그와 더불어 간음하는 자들도 만
일 그의 행위를 회개하지 아니하면 큰 환난 가운데에 던지고
23 또 내가 사망으로 그의 자녀를 죽이리니 모든 교회가 나는 사람의 뜻과 마음
을 살피는 자인 줄 알지라 내가 너희 각 사람의 행위대로 갚아주리라[2)]
24 두아디라에 남아 있어 이 교훈을 받지 아니하고 소위 사탄의 깊은 것을 알지
못하는 너희에게 말하노니 다른 짐으로 너희에게 지울 것은 없노라
25 다만 너희에게 있는 것을 내가 올 때까지 굳게 잡으라
26 이기는 자와 끝까지 내 일을 지키는 그에게 만국을 다스리는 권세를 주리니
27 그가 철장을 가지고 그들을 다스려 질그릇 깨뜨리는 것과 같이 하리라 나도
내 아버지께 받은 것이 그러하니라
28 내가 또 그에게 새벽별[3)]을 주리라
29 귀 있는 자는 성령이 교회들에게 하시는 말씀을 들을지어다



1) (롬2:4) 혹 네가 하나님의 인자하심이 너를 인도하여 회개하게 하심을 알지 못하여 그의 인자하심과 용납하심과 길이 참으심이 풍성함을 멸시하느냐
2) (계22:12) 보라 내가 속히 오리니 내가 줄 상이 내게 있어 각 사람에게 그가 행한 대로 갚아 주리라
3) (계22:16) 나 예수는 교회들을 위하여 내 사자를 보내어 이것들을 너희에게 증언하게 하였노라 나는 다윗의 뿌리요 자손이니 곧 광명한 새벽별이라 하시더라

# 사데 교회에 보내는 말씀 (3장)

계3:1~6 | 1 사데 교회의 사자에게 편지하라 하나님의 일곱 영과 일곱 별을 가지
신 이가 이르시되 내가 네 행위를 아노니 네가 살았다 하는 이름은 가졌으나 죽
은 자로다
2 너는 일깨어 그 남은 바 죽게 된 것을 굳건하게 하라 네 하나님 앞에 네 행위의
온전한 것을 찾지 못하였노니
3 그러므로 네가 어떻게 받았으며 어떻게 들었는지 생각하고 지켜 회개하라 만
일 일깨지 아니하면 내가 도둑같이 이르리니[1] 어느 때에 네게 이를는지 네가 알
지 못하리라
4 그러나 사데에 그 옷[2]을 더럽히지 아니한 자 몇 명이 네게 있어 흰옷을 입고
나와 함께 다니리니 그들은 합당한 자인 연고라
5 이기는 자[3]는 이와 같이 흰옷[4]을 입을 것이요 내가 그 이름을 생명책에서 결
코 지우지 아니하고 그 이름을 내 아버지 앞과 그의 천사들 앞에서 시인하리라
6 귀 있는 자는 성령이 교회들에게 하시는 말씀을 들을지어다

말씀과 성령 안에서 답을 찾으라

1) (살전5:6) 그러므로 우리는 다른 이들과 같이 자지 말고 오직 깨어 정신을 차릴지라
2) (빌3:9) 그 안에서 발견되려 함이니 내가 가진 의는 율법에서 난 것이 아니요 오직 그리스도를 믿음으로 말미암은 것이니 곧 믿음으로 하나님께로부터 난 의라
3) (요일5:4) 무릇 하나님께로부터 난 자마다 세상을 이기느니라 세상을 이기는 승리는 이것이니 우리의 믿음이니라
4) (계19:8) 그에게 빛나고 깨끗한 세마포 옷을 입도록 허락하셨으니 이 세마포 옷은 성도들의 옳은 행실이로다

# 빌라델비아 교회에 보내는 말씀 (3장)

계3:7~13 | 7 빌라델비아 교회의 사자에게 편지하라 거룩하고 진실하사 다윗의
열쇠[1]를 가지신 이 곧 열면 닫을 사람이 없고 닫으면 열 사람이 없는 그가 이르
시되
8 볼지어다 내가 네 앞에 열린 문[2]을 두었으되 능히 닫을 사람이 없으리라 내가
네 행위를 아노니 네가 작은 능력을 가지고서도 내 말을 지키며 내 이름을 배반
하지 아니하였도다
9 보라 사탄의 회당 곧 자칭 유대인이라 하나 그렇지 아니하고 거짓말하는 자들
중에서 몇을 네게 주어 그들로 와서 네 발 앞에 절하게 하고 내가 너를 사랑하는
줄을 알게 하리라
10 네가 나의 인내의 말씀을 지켰은즉 내가 또한 너를 지켜 시험의 때[3]를 면하게
하리니 이는 장차 온 세상에 임하여 땅에 거하는 자들을 시험할 때라
11 내가 속히 오리니 네가 가진 것을 굳게 잡아 아무도 네 면류관을 빼앗지 못하
게 하라
12 이기는 자[4]는 내 하나님 성전에 기둥이 되게 하리니 그가 결코 다시 나가지
아니하리라 내가 하나님의 이름과 하나님의 성 곧 하늘에서 내 하나님께로부터
내려오는 새 예루살렘의 이름과 나의 새 이름을 그이 위에 기록하리라
13 귀 있는 자는 성령이 교회들에게 하시는 말씀을 들을지어다



1) (사22:22) 내가 또 다윗의 집의 열쇠를 그의 어깨에 두리니 그가 열면 닫을 자가 없겠고 닫으면 열 자가 없으리라
2) (행14:27) 그들이 이르러 교회를 모아 하나님이 함께 행하신 모든 일과 이방인들에게 믿음의 문을 여신 것을 보고하고
3) (벧후3:10) 그러나 주의 날이 도둑같이 오리니 그날에는 하늘이 큰 소리로 떠나가고 물질이 뜨거운 불에 풀어지고 땅과 그중에 있는 모든 일이 드러나리로다
4) (요일5:5) 예수께서 하나님의 아들이심을 믿는 자가 아니면 세상을 이기는 자가 누구냐

# 라오디게아 교회에 보내는 말씀 (3장)

계3:14~22 | 14 라오디게아 교회의 사자에게 편지하라 아멘이시요 충성되고 참
된 증인이시요 하나님의 창조의 근본이신 이[1]가 이르시되
15 내가 네 행위를 아노니 네가 차지도 아니하고 뜨겁지도 아니하도다 네가 차든
지 뜨겁든지 하기를 원하노라
16 네가 이같이 미지근하여 뜨겁지도 아니하고 차지도 아니하니 내 입에서 너를
토하여 버리리라
17 네가 말하기를 나는 부자라 부요하여 부족한 것이 없다 하나 네 곤고한 것과
가련한 것과 가난한 것과 눈먼 것과 벌거벗은 것을 알지 못하는 도다
18 내가 너를 권하노니 불로 연단한 금[2]을 사서 부요하게 하고 흰옷[3]을 사서 입
어 벌거벗은 수치를 보이지 않게 하고 안약[4]을 사서 눈에 발라 보게 하라
19 무릇 내가 사랑하는 자를 책망하여 징계하노니 그러므로 네가 열심을 내라 회
개하라[5]
20 볼지어다 내가 문밖에 서서 두드리노니 누구든지 내 음성을 듣고 문을 열면
내가 그에게로 들어가 그와 더불어 먹고 그는 나와 더불어 먹으리라
21 이기는 그에게는 내가 내 보좌에 함께 앉게 하여 주기를 내가 이기고 아버지
보좌에 함께 앉은 것과 같이 하리라
22 귀 있는 자는 성령이 교회들에게 하시는 말씀을 들을지어다

말씀과 성령 안에서 답을 찾으라

1) (단7:13) 내가 또 밤 환상 중에 보니 인자 같은 이가 하늘 구름을 타고 와서 옛적부터 항상 계신 이에게 나아가 그 앞으로 인도되매
2) (벧전1:7) 너희 믿음의 확실함은 불로 연단하여도 없어질 금보다 더 귀하여 예수 그리스도께서 나타나실 때에 칭찬과 영광과 존귀를 얻게할 것이니라
3) (계7:14) 내가 말하기를 내 주여 당신이 아시나이다 하니 그가 나에게 이르되 이는 큰 환난에서 나오는 자들인데 어린 양의 피에 그 옷을 씻어 희게 하였느니라
4) (고전2:10) 오직 하나님이 성령으로 이것을 우리에게 보이셨으니 성령은 모든 것 곧 하나님의 깊은 것까지도 통달하시느니라
5) (잠3:11) 내 아들아 여호와의 징계를 경히 여기지 말라그 꾸지람을 싫어하지 말라

# 하늘의 예배 (4장)

계4:1~11 | 1 이 일 후에 내가 보니 하늘에 열린 문이 있는데 내가 들은 바 처음에
내게 말하던 나팔 소리 같은 그 음성[1]이 이르되 이리로 올라오라 이후에 마땅히
일어날 일들을 내가 네게 보이리라 하시더라
2 내가 곧 성령에 감동되었더니 보라 하늘에 보좌를 베풀었고 그 보좌 위에 앉으
신 이[2]가 있는데
3 앉으신 이의 모양이 벽옥과 홍보석 같고 또 무지개[3]가 있어 보좌에 둘렸는데
그 모양이 녹보석 같더라
4 또 보좌에 둘려 이십사 보좌들이 있고 그 보좌들 위에 이십사 장로[4]들이 흰옷
을 입고 머리에 금관을 쓰고 앉았더라
5 보좌로부터 번개와 음성과 우렛소리가 나고 보좌 앞에 켠 등불 일곱이 있으니
하나님의 일곱 영이라[5]

말씀과 성령 안에서 답을 찾으라

1) (계1:10) 주의 날에 내가 성령에 감동되어 내 뒤에서 나는 나팔 소리 같은 큰 음성을 들으니
2) (단7:9) 내가 보니 왕좌가 놓이고 옛적부터 항상 계신 이가 좌정하셨는데 그의 옷은 희기가 눈 같고 그의 머리털은 깨끗한 양의 털 같고 그의 보좌는 불꽃이요 그의 바퀴는 타오르는 불이며
3) (겔1:28) 그 사방 광채의 모양은 비 오는 날 구름에 있는 무지개 같으니 내가 보고 엎드려 말씀 하시는 이의 음성을 들으니라
4) (계5:8, 8:3, 벧전3:22, 히1:6, 계5:11, 요20:12) 8 그 두루마리를 취하시매 네 생물과 이십사 장로들이 그 어린 양 앞에 엎드려 각각 거문고와 향이 가득한 금 대접을 가졌으니 이 향은 성도의 기도들이라, 3 또 다른 천사가 와서 제단 곁에 서서 금 향로를 가지고 많은 향을 받았으니 이는 모든 성도의 기도와 합하여 보좌 앞 금 제단에 드리고자 함이라, 22 그는 하늘에 오르사 하나님 우편에 계시니 천사들과 권세들과 능력들이 그에게 복종하느니라, 6 또 그가 맏아들을 이끌어 세상에 다시 들어오게 하실 때에 하나님의 모든 천사들은 그에게 경배할지어다 말씀하시며, 11 내가 또 보고 들으매 보좌와 생물들과 장로들을 둘러선 많은 천사의 음성이 있으니 그 수가 만만이요 천천이라, 12 흰 옷 입은 두 천사가 예수의 시체 뉘었던 곳에 하나는 머리 편에 하나는 발 편에 앉았더라
5) (사11:2) 그의 위에 여호와의 영 곧 지혜와 총명의 영이요 모략과 재능의 영이요 지식과 여호와를 경외하는 영이 강림하시리니

6 보좌 앞에 수정과 같은 유리 바다[6]가 있고 보좌 가운데와 보좌 주위에 네 생물
[7] 이 있는데 앞뒤에 눈들이 가득하더라
7 그 첫째 생물은 사자 같고 그 둘째 생물은 송아지 같고 그 셋째 생물은 얼굴이
사람 같고 그 넷째 생물은 날아가는 독수리 같은데
8 네 생물은 각각 여섯 날개를 가졌고 그 안과 주위에는 눈들이 가득하더라 그들
이 밤낮 쉬지 않고 이르기를 거룩하다 거룩하다 거룩하다 주 하나님 곧 전능하신
이여 전에도 계셨고 이제도 계시고 장차 오실 이시라 하고
9 그 생물들이 보좌에 앉으사 세세토록 살아 계시는 이에게 영광과 존귀와 감사
를 돌릴 때에
10 이십사 장로들이 보좌에 앉으신 이 앞에 엎드려 세세토록 살아계시는 이에게
경배하고 자기의 관을 보좌 앞에 드리며 이르되
11 우리 주 하나님이여 영광과 존귀와 권능을 받으시는 것이 합당하오니 주께서
만물을 지으신지라 만물이 주의 뜻대로 있었고 또 지으심을 받았나이다 하더라



6) (겔1:22) 그 생물의 머리 위에는 수정 같은 궁창의 형상이 있어 보기에 두려운데 그들의 머리 위에 펼쳐져 있고

7) (겔10:20, 1:5, 사6:2~3) 20 그것은 내가 그발 강가에서 보던 이스라엘의 하나님 아래에 있던 생물이라 그들이 그룹*인 줄을 내가 아니라, 5 그 속에서 네 생물의 형상이 나타나는데 그들의 모양이 이러하니 그들에게 사람의 형상이 있더라, 2 스랍들이 모시고 섰는데 각각 여섯 날개가 있어 그 둘로는 자기의 얼굴을 가리었고 그 둘로는 자기의 발을 가리었고 그 둘로는 날며 3 서로 불러 이르되 거룩하다 거룩하다 거룩하다 만군의 여호와여 그의 영광이 온 땅에 충만하도다 하더라

* (창3:24) 이같이 하나님이 그 사람을 쫓아내시고 에덴동산 동쪽에 그룹들과 두루 도는 불 칼을 두어 생명나무의 길을 지키게 하시니라

# 책과 어린 양 (5장)

계5:1:14 | 1 내가 보매 보좌에 앉으신 이[1]의 오른손에 두루마리[2]가 있으니 안팎
으로 썼고 일곱 인으로 봉하였더라[3]
2 또 보매 힘있는 천사가 큰 음성으로 외치기를 누가 그 두루마리를 펴며 그 인
을 떼기에 합당하냐 하나
3 하늘 위에나 땅 위에나 땅 아래에 능히 그 두루마리를 펴거나 보거나 할 자가
없더라
4 그 두루마리를 펴거나 보거나 하기에 합당한 자가 보이지 아니하기로 내가 크
게 울었더니
5 장로 중의 한 사람이 내게 말하되 울지 말라 유대 지파의 사자 다윗의 뿌리[4]가
이겼으니 그 두루마리와 그 일곱 인을 떼시리라 하더라
6 내가 또 보니 보좌와 네 생물과 장로들 사이에 한 어린 양[5]이 서 있는데 일찍이
죽임을 당한 것 같더라 그에게 일곱 뿔과 일곱 눈[6]이 있으니 이 눈들은 온 땅에
보내심을 받은 하나님의 일곱 영이더라
7 어린 양이 나아와서 보좌에 앉으신 이의 오른손에서 두루마리를 취하시니라

말씀과 성령 안에서 답을 찾으라

1) (단7:9) 내가 보니 왕좌가 놓이고 옛적부터 항상 계신 이가 좌정하셨는데 그의 옷은 희기가 눈 같고 그의 머리털은 깨끗한 양의 털 같고 그의 보좌는 불꽃이요 그의 바퀴는 타오르는 불이며
2) (겔2:9~10) 내가 보니 보라 한 손이 나를 향하여 펴지고 보라 그 안에 두루마리 책이 있더라 10 그가 그것을 내 앞에 펴시니 그 안팎에 글이 있는데 그 위에 애가와 애곡과 재앙의 말이 기록되었더라
3) (단12:4) 다니엘아 마지막 때까지 이 말을 간수하고 이 글을 봉함하라 많은 사람이 빨리 왕래하며 지식이 더하리라
4) (계22:16) 나 예수는 교회들을 위하여내 사자를 보내어 이것들을 너희에게 증언하게 하였노라 나는 다윗의 뿌리요 자손이니 곧 광명한 새벽별이라 하시더라
5) (요1:29) 이튿날 요한이 예수께서 자기에게 나아오심을 보고 보라 세상 죄를 지고 가는 하나님의 어린 양이로다
6) (슥3:9) 만군의 여호와가 말하노라 내가 너 여호수아 앞에 세운 돌을 보라 한 돌에 일곱 눈이 있느니라 내가 거기에 새길 것을 새기며 이 땅의 죄악을 하루에 제거하리라

8 그 두루마리를 취하시매 네 생물과 이십사 장로들이 그 어린 양 앞에 엎드려
각각 거문고와 향이 가득한 금 대접을 가졌으니 이 향은 성도의 기도들이라
9 그들이 새 노래[7])를 불러 이르되 두루마리를 가지시고 그 인봉을 떼기에 합당
하시도다 일찍이 죽임을 당하사 각 족속과 방언과 백성과 나라 가운데에서 사람
들을 피로 사서 하나님께 드리시고
10 그들로 우리 하나님 앞에서 나라와 제사장[8])들을 삼으셨으니 그들이 땅에서
왕 노릇[9]) 하리로다 하더라
11 내가 또 보고 들으매 보좌와 생물들과 장로들을 둘러 선 많은 천사의 음성이
있으니 그 수가 만만이요 천천이라
12 큰 음성으로 이르되 죽임을 당하신 어린 양은 능력과 부와 지혜와 힘과 존귀
와 영광과 찬송을 받으시기에 합당하도다 하더라
13 내가 또 들으니 하늘 위에와 땅 위에와 땅 아래와 바다 위에와 또 그 가운데
모든 피조물이 이르되 보좌에 앉으신 이와 어린 양에게 찬송과 존귀와 영광과 권
능을 세세토록 돌릴지어다 하니
14 네 생물이 이르되 아멘 하고 장로들은 엎드려 경배하더라



7) (계14:3) 그들이 보좌 앞과 네 생물과 장로들 앞에서 새 노래를 부르니 땅에서 속량함을 받은 십사만 사천 밖에는 능히 이 노래를 배울 자가 없더라

8) (계20:6) 이 첫째 부활에 참여하는 자들은 복이 있고 거룩하도다 둘째 사망이 그들을 다스리는 권세가 없고 도리어 그들이 하나님과 그리스도의 제사장이 되어 천 년 동안 그리스도와 더불어 왕 노릇 하리라

9) (계22:5) 다시 밤이 없겠고 등불과 햇빛이 쓸데 없으니 이는 주 하나님이 그들에게 비치심이라 그들이 세세토록 왕 노릇 하리로다

# 일곱 봉인에 담긴 심판 (6장)

계6:1~17 | 1 내가 보매 어린 양이 일곱 인 중의 하나를 떼시는데 그때에 내가 들
으니 네 생물 중의 하나가 우렛소리같이 말하되 오라 하기로
2 이에 내가 보니 흰말이 있는데 그 탄 자가 활을 가졌고 면류관을 받고 나아가
서 이기고 또 이기려고 하더라[1]
3 둘째 인을 떼실 때에 내가 들으니 둘째 생물이 말하되 오라 하니
4 이에 다른 붉은 말이 나오더라 그 탄 자가 허락을 받아 땅에서 화평을 제하여
버리며 서로 죽이게 하고 또 큰 칼을 받았더라[2]
5 셋째 인을 떼실 때에 내가 들으니 셋째 생물이 말하되 오라 하기로 내가 보니
검은 말이 나오는데 그 탄 자가 손에 저울을 가졌더라
6 내가 네 생물 사이로부터 나는 듯한 음성을 들으니 이르되 한 데나리온에 밀 한
되요 한 데나리온에 보리 석 되로다 또 감람유와 포도주는 해치지 말라 하더라[3]
7 넷째 인을 떼실 때에 내가 넷째 생물의 음성을 들으니 말하되 오라 하기로
8 내가 보매 청황색 말이 나오는데 그 탄 자의 이름은 사망이니 음부가 그 뒤를
따르더라 그들이 땅 사분의 일의 권세를 얻어 검과 흉년과 사망과 땅의 짐승들로
써 죽이더라[4]

말씀과 성령 안에서 답을 찾으라

1) (요일4:3) 예수를 시인하지 아니하는 영마다 하나님께 속한 것이 아니니 이것이 곧 적 그리스도의 영이니라 오리라 한 말을 너희가 들었거니와 지금 벌써 세상에 있느니라
2) (겔38:14~16) 14 인자야 너는 또 예언하여 곡에게 이르기를 주 여호와께서 이같이 말씀하시기를 내 백성 이스라엘이 평안히 거주 하는 날에 네가 어찌 그것을 알지 못하겠느냐 15 네가 네 고국 땅 북쪽 끝에서 많은 백성 곧 다 말을 탄 큰 무리와 능한 군대와 함께 오되 16 구름이 땅을 덮음같이 내 백성 이스라엘을 치러 오리라 곡아 끝날에 내가 너를 이끌어다가 내 땅을 치게 하리니 이는 내가 너로 말미암아 이방 사람의 눈앞에서 내 거룩함을 나타내어 그들이 다 나를 알게 하려 함이라
3) (사1:7~8) 7 너희의 땅은 황폐하였고 너희의 성읍들은 불에 탔고 너희의 토지는 너희 목전에서 이방인에게 삼켜졌으며 이방인에게 파괴됨같이 황폐하였고 8 딸 시온은 포도원의 망대같이, 참외밭의 원두막같이, 에워싸인 성읍같이 겨우 남았도다
4) (호13:14) 내가 그들을 스올의 권세에서 속량하며 사망에서 구속하리니 사망아 네 재앙이 어디 있느냐 스올아 네 멸망이 어디 있느냐 뉘우침이 내 눈앞에서 숨으리라

9 다섯째 인을 떼실 때에 내가 보니 하나님의 말씀과 그들이 가진 증거로 말미암
아 죽임을 당한 영혼들이 제단 아래에 있어[5)]
10 큰 소리로 불러 이르되 거룩하고 참되신 대주재여 땅에 거하는 자들을 심판하
여 우리 피를 갚아 주지 아니하시기를 어느 때까지 하시려 하나이까 하니
11 각각 그들에게 흰 두루마기를 주시며 이르시되 아직 잠시 동안 쉬되 그들의
동무 종들과 형제들도 자기처럼 죽임을 당하여 그 수가 차기까지 하라 하시더라
12 내가 보니 여섯째 인을 떼실 때에 큰 지진이 나며 해가 검은 털로 짠 상복같이
검어지고 달은 온통 피같이 되며[6)]
13 하늘의 별들이 무화과나무가 태풍에 흔들려 설익은 열매가 떨어지는 것같이
땅에 떨어지며
14 하늘은 두루마리가 말리는 것같이 떠나가고 각 산과 섬이 제자리에서 옮겨 지
매[7)]
15 땅의 임금들과 왕족들과 장군들과 부자들과 강한 자들과 모든 종과 자유인이
굴과 산들의 바위틈에 숨어
16 산들과 바위에게 말하되 우리 위에 떨어져 보좌에 앉으신 이의 얼굴에서와 그
어린 양의 진노에서 우리를 가리라[8)]
17 그들의 진노의 큰 날이 이르렀으니 누가 능히 서리요 하더라



5) (계20:4) 또 내가 보좌들을 보니 거기에 앉은 자들이 있어 심판하는 권세를 받았더라 또 내가 보니 예수를 증언함과 하나님의 말씀 때문에 목 베임을 당한 자들의 영혼들과 또 짐승과 그의 우상에게 경배하지 아니하고 그들의 이마와 손에 그의 표를 받지 아니한 자들이 살아서 그리스도와 더불어 천 년 동안 왕 노릇 하니
6) (요엘2:31) 여호와의 크고 두려운 날이 이르기 전에 해가 어두워지고 달이 핏빛같이 변하려니와
7) (계21:1) 또 내가 새 하늘과 새 땅을 보니 처음 하늘과 처음 땅이 없어졌고 바다도 다시 있지 않더라
8) (눅23:30) 그때에 사람들이 산들을 대하여 우리 위에 무너지라 하며 작은 산들을 대하여 우리를 덮으라 하리라

# 인치심을 받은 십사만 사천 명 (7장)

계7:1~4 | 1 이 일 후에 내가 네 천사가 땅 네 모퉁이에 선 것을 보니 땅의 사방의
바람을 붙잡아 바람으로 하여금 땅에나 바다에나 각종 나무에 불지 못하게 하더라
2 또 보매 다른 천사가 살아계신 하나님의 인을 가지고 해 돋는 데로부터 올라와
서 땅과 바다를 해롭게 할 권세를 받은 네 천사를 향하여 큰 소리로 외쳐
3 이르되 우리가 우리 하나님의 종들의 이마에 인치기[1]까지 땅이나 바다나 나무
들을 해하지 말라 하더라
4 내가 인침을 받은 자[2]의 수를 들으니 이스라엘 자손[3]의 각 지파 중에서 인침
을 받은 자들이 십사만 사천[4]이니

말씀과 성령 안에서 답을 찾으라

1) (겔9:4, 계9:4) 4 여호와께서 이르시되 너는 예루살렘 성읍 중에 순행하여 그 가운데에서 행하는 모든 가증한 일로 말미암아 탄식하며 우는 자의 이마에 표를 그리라 하시고, 4 그들에게 이르시되 땅의 풀이나 푸른 것이나 각종 수목은 해하지 말고 오직 이마에 하나님의 인침을 받지 아니한 사람들만 해하라 하시더라

2) (엡1:13) 그 안에서 너희도 진리의 말씀 곧 너희의 구원의 복음을 듣고 그 안에서 또한 믿어 약속의 성령으로 인치심을 받았으니

3) (롬2:29) 오직 이면적 유대인이 유대인이며 할례는 마음에 할지니 영에 있고 율법 조문에 있지 아니한 것이라 그 칭찬이 사람에게서가 아니요 다만 하나님에게서니라

4) (계7:9~10, 13~14, 14:3~4) 9 이 일 후에 내가 보니 각 나라와 족속과 백성과 방언에서 아무도 능히 셀 수 없는 큰 무리가 나와 흰옷을 입고 손에 종려 가지를 들고 보좌 앞과 어린양 앞에 서서 10 큰 소리로 외쳐 이르되 구원하심이 보좌에 앉으신 우리 하나님과 어린 양에게 있도다 하니, 13 장로 중 하나가 응답하여 나에게 이르되 이 흰옷 입은 자들이 누구며 또 어디서 왔느냐 14 내가 말하기를 내 주여 당신이 아시나이다 하니 그가 나에게 이르되 이는 큰 환난에서 나오는 자들인데 어린 양의 피에 그 옷을 씻어 희게 하였느니라, 3 그들이 보좌 앞과 네 생물과 장로들 앞에서 새 노래를 부르니 땅에서 속량함을 받은 십사만 사천 밖에는 능히 이 노래를 배울 자가 없더라 4 이 사람들은 여자와 더불어 더럽히지 아니하고 순결한 자라 어린 양이 어디로 인도하든지 따라가는 자며 사람 가운데에서 속량함을 받아 처음 익은 열매로 하나님과 어린 양에게 속한 자들이니

# 각 나라에서 온 무리 (7장)

계7:5~17 | 5 유다 지파 중에 인침을 받은 자가 일만 이천이요 르우벤 지파 중에
일만 이천이요 갓 지파 중에 일만 이천이요
6 아셀 지파 중에 일만 이천이요 납달리 지파 중에 일만 이천이요 므낫세 지파
중에 일만 이천이요
7 시므온 지파 중에 일만 이천이요 레위 지파 중에 일만 이천이요 잇사갈 지파
중에 일만 이천이요
8 스불론 지파 중에 일만 이천이요 요셉 지파 중에 일만 이천이요 베냐민 지파
중에 인침을 받은 자가 일만 이천이라
9 이 일 후에 내가 보니 각 나라와 족속과 백성과 방언[1]에서 아무도 능히 셀 수
없는 큰 무리가 나와 흰옷을 입고 손에 종려 가지를 들고 보좌 앞과 어린 양 앞에
서서
10 큰 소리로 외쳐 이르되 구원하심이 보좌에 앉으신 우리 하나님과 어린 양에게
있도다 하니[2]
11 모든 천사가 보좌와 장로들과 네 생물의 주위에 서 있다가 보좌 앞에 엎드려
얼굴을 대고 하나님께 경배하여
12 이르되 아멘 찬송과 영광과 지혜와 감사와 존귀와 권능과 힘이 우리 하나님께
세세토록 있을지어다 아멘 하더라
13 장로 중 하나가 응답하여 나에게 이르되 이 흰옷 입은 자들이 누구며 또 어디
서 왔느냐
14 내가 말하기를 내 주여 당신이 아시나이다 하니 그가 나에게 이르되 이는 큰
환난에서 나오는 자들인데 어린 양의 피에 그 옷을 씻어 희게 하였느니라



1) (계14:6) 또 내가 보니 다른 천사가 공중에 날아가는데 땅에 거주하는 자들 곧 모든 민족과 종족과 방언과 백성에게 전할 영원한 복음을 가졌더라

2) (호13:4) 그러나 애굽 땅에 있을 때부터 나는 네 하나님 여호와라 나밖에 네가 다른 신을 알지 말 것이라 나 외에는 구원자가 없느니라

15 그러므로 그들이 하나님의 보좌 앞에 있고 또 그의 성전에서 밤낮 하나님을
섬기매 보좌에 앉으신 이가 그들 위에 장막을 치시리니[3)]
16 그들이 다시는 주리지도 아니하며 목마르지도 아니하고 해나 아무 뜨거운 기
운에 상하지도 아니하리니[4)]
17 이는 보좌 가운데에 계신 어린 양이 그들의 목자가 되사 생명수 샘으로 인도
하시고 하나님께서 그들의 눈에서 모든 눈물을 씻어 주실 것임이라[5)]



3) (사4:5~6) 5 여호와께서 거하시는 온 시온 산과 모든 집회 위에 낮이면 구름과 연기, 밤이면 화염의 빛을 만드시고 그 모든 영광 위에 덮개를 두시며 6 또 초막에 있어서 낮에는 더위를 피하는 그늘을 지으며 또 풍우를 피하여 숨는 곳이 되리라

4) (시121:5~6) 5 여호와는 너를 지키는 이시라 여호와께서 네 오른쪽에서 네 그늘이 되시나니 6 낮의 해가 너를 상하게 하지 아니하며 밤의 달도 너를 해치지 아니하리로다

5) (시23:1) 여호와는 나의 목자시니 내게 부족함이 없으리로다

# 일곱째 봉인과 금 향로 (8장)

계8:1~4 | 1 일곱째 인을 떼실 때에 하늘이 반 시간쯤 고요하더니
2 내가 보매 하나님 앞에 일곱 천사가 서 있어 나팔을 받았더라
3 또 다른 천사가 와서 제단 곁에 서서 금 향로를 가지고 많은 향을 받았으니 이
는 모든 성도의 기도와 합하여 보좌 앞 금 제단에 드리고자 함이라
4 향연이 성도의 기도와 함께 천사의 손으로부터 하나님 앞으로 올라가는지라[1)]
5 천사가 향로를 가지고 제단의 불을 담아다가 땅에 쏟으매 우레와 음성과 번개
와 지진이 나더라



1) (시141:2) 나의 기도가 주의 앞에 분향함과 같이 되며 나의 손 드는 것이 저녁 제사같이 되게 하소서

# 나팔 소리(1) (8장)

계8:6~13 | 6 일곱 나팔을 가진 일곱 천사가 나팔 불기를 준비하더라
7 첫째 천사가 나팔을 부니 피 섞인 우박과 불이 나와서 땅에 쏟아지매 땅의 삼
분의 일이 타 버리고 수목의 삼분의 일도 타 버리고 각종 푸른 풀도 타 버렸더라[1]
8 둘째 천사가 나팔을 부니 불붙는 큰 산과 같은 것이 바다에 던져지매 바다의
삼분의 일이 피가 되고[2]
9 바다 가운데 생명 가진 피조물들의 삼분의 일이 죽고 배들의 삼분의 일이 깨지
더라
10 셋째 천사가 나팔을 부니 횃불같이 타는 큰 별이 하늘에서 떨어져 강들의 삼
분의 일과 여러 물샘에 떨어지니
11 이 별 이름은 쓴 쑥이라 물의 삼분의 일이 쓴 쑥이 되매 그 물이 쓴 물이 되므
로 많은 사람이 죽더라[3]
12 넷째 천사가 나팔을 부니 해 삼분의 일과 별들의 삼분의 일이 타격을 받아 그
삼분의 일이 어두워지니 낮 삼분의 일은 비추임이 없고 밤도 그러하더라[4]
13 내가 또 보고 들으니 공중에 날아가는 독수리가 큰 소리로 이르되 땅에서 사
는 자들에게 화, 화, 화가 있으리니 이는 세 천사들이 불어야 할 나팔 소리가 남
아 있음이로다 하더라[5]

말씀과 성령 안에서 답을 찾으라

1) (사30:30) 여호와께서 그의 장엄한 목소리를 듣게 하시며 혁혁한 진노로 그의 팔의 치심을 보이시되 맹렬한 화염과 폭풍과 폭우와 우박으로 하시리니

2) (렘51:25) 여호와의 말씀이니라 온 세계를 멸하는 멸망의 산아 보라 나는 네 원수라 나의 손을 네 위에 펴서 너를 바위에서 굴리고 너로 불탄 산이 되게 할 것이니

3) (렘9:15) 그러므로 만군의 여호와 이스라엘의 하나님께서 이와 같이 말씀하시니라 보라 그들 곧 이 백성에게 쑥을 먹이며 독한 물을 마시게 하고

4) (사13:10) 하늘의 별들과 별 무리가 그 빛을 내지 아니하며 해가 돋아도 어두우며 달이 그 빛을 비추지 아니할 것이로다

5) (신28:49) 곧 여호와께서 멀리 땅끝에서 한 민족을 독수리가 날아오는 것같이 너를 치러 오게 하시리니 이는 네가 그 언어를 알지 못하는 민족이요

# 나팔 소리(2) (9장)

계9:1~21 | 1 다섯째 천사가 나팔을 불매 내가 보니 하늘에서 땅에 떨어진 별[1] 하
나가 있는데 그가 무저갱의 열쇠를 받았더라
2 그가 무저갱을 여니 그 구멍에서 큰 화덕의 연기 같은 연기가 올라 오매 해와
공기가 그 구멍의 연기로 말미암아 어두워지며
3 또 황충[2]이 연기 가운데로부터 땅위에 나오매 그들이 땅에 있는 전갈의 권세
와 같은 권세[3]를 받았더라
4 그들에게 이르시되 땅의 풀이나 푸른 것이나 각종 수목은 해하지 말고 오직 이
마에 하나님의 인침[4]을 받지 아니한 사람들만 해하라 하시더라 5 그러나 그들
을 죽이지는 못하게 하시고 다섯 달 동안 괴롭게만 하게 하시는데 그 괴롭게 함
은 전갈이 사람을 쏠 때에 괴롭게 함과 같더라
6 그날에는 사람들이 죽기를 구하여도 죽지 못하고 죽고 싶으나 죽음이 그들을
피하리로다
7 황충들의 모양은 전쟁을 위하여 준비한 말들 같고 그 머리에 금 같은 관 비슷
한 것을 썼으며 그 얼굴은 사람의 얼굴 같고
8 또 여자의 머리털 같은 머리털이 있고 그 이빨은 사자의 이빨 같으며
9 또 철 호심경 같은 호심경이 있고 그 날개들의 소리는 병거와 많은 말들이 전
쟁터로 달려 들어가는 소리 같으며
10 또 전갈과 같은 꼬리와 쏘는 살이 있어 그 꼬리에는 다섯 달 동안 사람들을 해
하는 권세가 있더라

말씀과 성령 안에서 답을 찾으라

1) (계20:1) 또 내가 보매 천사가 무저갱의 열쇠와 큰 쇠사슬을 그의 손에 가지고 하늘로부터 내려와서
2) (출10:4~5) 4 네가 만일 내 백성 보내기를 거절하면 내일 내가 메뚜기를 네 경내에 들어가게 하리니 5 메뚜기가 지면을 덮어서 사람이 땅을 볼 수 없을 것이며 메뚜기가 네게 남은 그것 곧 우박을 면하고 남은 것을 먹으며 너희를 위하여 들에서 자라나는 모든 나무를 먹을 것이며
3) (계9:10) 또 전갈과 같은 꼬리와 쏘는 살이 있어 그 꼬리에는 다섯 달 동안 사람들을 해하는 권세가 있더라
4) (계7:4) 내가 인침을 받은 자의 수를 들으니 이스라엘 자손의 각 지파 중에서 인침을 받은 자들이 십사만 사천이니

11 그들에게 왕이 있으니 무저갱의 사자라 히브리어로는 그 이름이 아바돈이요
헬라어로는 그 이름이 아볼루온이더라[5)]
12 첫째 화는 지나갔으나 보라 아직도 이후에 화 둘이 이르리로다
13 여섯째 천사가 나팔을 불매 내가 들으니 하나님 앞 금 제단[6)] 네 뿔에서 한 음
성이 나서
14 나팔 가진 여섯째 천사에게 말하기를 큰 강 유브라데에 결박한 네 천사를 놓
아주라 하매
15 네 천사가 놓였으니 그들은 그 년 월 일 시에 이르러 사람 삼분의 일을 죽이기
로 준비된 자들이더라[7)]
16 마병의 수는 이만 만이니 내가 그들 수를 들었노라
17 이 같은 환상 가운데 그 말들과 그 위에 탄 자들을 보니 불빛과 자줏빛과 유황
빛 호심경이 있고 또 말들의 머리는 사자 머리 같고 그 입에서는 불과 연기와 유
황이 나오더라
18 이 세 재앙 곧 자기들의 입에서 나오는 불과 연기와 유황으로 말미암아 사람
삼분의 일이 죽임을 당하더라
19 이 말들의 힘은 꼬리에 있으니 꼬리는 뱀 같고 또 꼬리에 머리가 있어 이것으
로 해하더라
20 이 재앙에 죽지 않고 남은 사람들은 손으로 행한 일을 회개하지 아니하고 오
히려 여러 귀신과 또는 보거나 듣거나 다니거나 하지 못하는 금, 은, 동과 목석의
우상에게 절하고[8)]
21 또 살인과 복술과 음행과 도둑질을 회개하지 아니하더라

말씀과 성령 안에서 답을 찾으라

5) (엡2:2) 그때에 너희는 그 가운데서 행하여 이 세상 풍조를 따르고 공중의 권세 잡은 자를 따랐으니 곧 지금 불순종의 아들들 가운데서 역사하는 영이라
6) (출30:3) 제단 상면과 전후 좌우면과 뿔을 순금으로 싸고 주위에 금테를 두를지며
7) (계9:18) 이 세 재앙 곧 자기들의 입에서 나오는 불과 연기와 유황으로 말미암아 사람 삼분의 일이 죽임을 당하니라
8) (신31:29) 내가 알거니와 내가 죽은 후에 너희가 스스로 부패하여 내가 너희에게 명령한 길을 떠나 여호와의 목전에 악을 행하여 너희의 손으로 하는 일로 그를 격노하게 하므로 너희가 후일에 재앙을 당하리라 하니라

# 천사와 작은 책 (10장)

계10:1~11 | 1 내가 또 보니 힘센 다른 천사가 구름을 입고 하늘에서 내려오는데
그 머리 위에 무지개가 있고 그 얼굴은 해 같고 그 발은 불기둥 같으며
2 그 손에는 펴 놓인 작은 두루마리[1]를 들고 그 오른발은 바다를 밟고 왼발은 땅
을 밟고
3 사자가 부르짖는 것같이 큰 소리로 외치니 그가 외칠 때에 일곱 우레[2]가 그 소
리를 내어 말하더라
4 일곱 우레가 말을 할 때에 내가 기록하려고 하다가 곧 들으니 하늘에서 소리가
나서 말하기를 일곱 우레가 말한 것을 인봉[3]하고 기록하지 말라 하더라
5 내가 본 바 바다와 땅을 밟고 서 있는 천사가 하늘을 향하여 오른손을 들고
6 세세토록 살아계신 이 곧 하늘과 그 가운데에 있는 물건이며 바다와 그 가운데
에 있는 물건을 창조하신 이를 가리켜 맹세하여 이르되 지체하지 아니하리니
7 일곱 천사가 소리 내는 날 그의 나팔을 불려고 할 때에 하나님이 그의 종 선지
자들에게 전하신 복음과 같이 하나님의 그 비밀[4]이 이루어지리라 하더라
8 하늘에서 내게 들리던 음성이 또 내게 말하여 이르되 네가 가서 바다와 땅을
밟고 서 있는 천사의 손에 펴 놓인 두루마리를 가지라 하기로[5]

말씀과 성령 안에서 답을 찾으라

1) (계5:1) 내가 보매 보좌에 앉으신 이의 오른손에 두루마리가 있으니 안팎으로 썼고 일곱 인으로 봉하였더라
2) (시29:3) 여호와의 소리가 물 위에 있도다 영광의 하나님이 우렛소리를 내시니 여호와는 많은 물 위에 계시도다
3) (단12:9) 그가 이르되 다니엘아 갈지어다 이 말은 마지막 때까지 간수하고 봉함할 것임이니라
4) (고전15:51~52) 51 보라 내가 너희에게 비밀을 말하노니 우리가 다 잠잘 것이 아니요 마지막 나팔에 순식간에 홀연히 다 변화되리니 52 나팔 소리가 나매 죽은 자들이 썩지 아니할 것으로 다시 살아나고 우리도 변화되리라
5) (계10:4) 일곱 우레가 말을 할 때에 내가 기록하려고 하다가 곧 들으니 하늘에서 소리가 나서 말하기를 일곱 우레가 말한 것을 인봉하고 기록하지 말라 하더라

9 내가 천사에게 나아가 작은 두루마리를 달라 한 즉 천사가 이르되 갖다 먹어
버리라 네 배에는 쓰나 네 입에는 꿀같이 달리라 하거늘
10 내가 천사의 손에서 작은 두루마리를 갖다 먹어 버리니 내 입에는 꿀같이 다
나 먹은 후에 내 배에서는 쓰게 되더라[6)]
11 그가 네게 말하기를 네가 많은 백성과 나라와 방언과 임금에게 다시 예언하여
야 하리라 하더라



6) (겔2:8~10) 8 너 인자야 내가 네게 이르는 말을 듣고 그 패역한 족속같이 패역하지 말고 네 입을 벌리고 내가 네게 주는 것을 먹으라 하시기로 9 내가 보니 보라 한 손이 나를 향하여 펴지고 보라 그 안에 두루마리 책이 있더라 10 그가 그것을 내 앞에 펴시니 그 안팎에 글이 있는데 그 위에 애가와 애곡과 재앙들의 말이 기록되었더라

# 두 증인 (11장)

계11:1~14 | 1 또 내게 지팡이 같은 갈대를 주며 말하기를 일어나서 하나님의 성
전과 제단과 그 안에서 경배하는 자들을 측량하되
2 성전 바깥 마당은 측량하지 말고 그냥 두라 이것은 이방인에게 주었은즉 그들
이 거룩한 성을 마흔두 달 동안 짓밟으리라
3 내가 나의 두 증인에게 권세를 주리니 그들이 굵은 베옷을 입고 천이백육십 일
을 예언하리라
4 그들은 이 땅의 주 앞에 서 있는 두 감람나무[1]와 두 촛대[2]니
5 만일 누구든지 그들을 해하고자 하면 그들의 입에서 불이 나와서 그들의 원수
를 삼켜 버릴 것이요 누구든지 그들을 해하고자 하면 반드시 그와 같이 죽임을
당 하리라
6 그들이 권능을 가지고 하늘을 닫아 그 예언을 하는 날 동안 비가 오지 못하게
하고 또 권능을 가지고 물을 피로 변하게 하고 아무 때든지 원하는 대로 여러가
지 재앙으로 땅을 치리로다
7 그들이 그 증언을 마칠 때에 무저갱으로부터 올라오는 짐승이 그들과 더불어
전쟁을 일으켜 그들을 이기고 그들을 죽일 터인즉[3]

말씀과 성령 안에서 답을 찾으라

1) (사44:1, 8, 슥12:6) 1 나의 종 야곱, 내가 택한 이스라엘아 이제 들으라 8 너희는 두려워하지 말며 겁내지 말라 내가 예로부터 너희에게 듣게 하지 아니하였느냐 알리지 아니하였느냐 너희는 나의 증인이라 나 외에 신이 있겠느냐 과연 반석은 없나니 다른 신이 있음을 내가 알지 못하노라, 6 그날에 내가 유다 지도자들을 나무 가운데에 화로 같게 하며 곡식단 사이에 횃불 같게 하리니 그들이 그 좌우에 에워싼 모든 민족들을 불사를 것이요 예루살렘 사람들은 다시 그 본 곳 예루살렘에 살게 되리라

2) (계1:20) 네가 본 것은 내 오른손의 일곱 별의 비밀과 또 일곱 금 촛대라 일곱 별은 일곱 교회의 사자요 일곱 촛대는 일곱 교회니라

3) (단7:7, 20~21, 26) 7 내가 밤 환상 가운데에 그 다음에 본 넷째 짐승은 무섭고 놀라우며 또 매우 강하며 또 쇠로 된 이가 있어서 먹고 부서뜨리고 그 나머지를 발로 밟았으며 이 짐승은 전의 모든 짐승과 다르고 또 열 뿔이 있더라, 20 또 그것의 머리에는 열 뿔이 있고 그 외에 다른 뿔이 나오매 세 뿔이 그 앞에서 빠졌으며 그 뿔에는 눈도 있고 큰 말을 하는 입도 있고 그 모양이 그 동류보다 커 보이더라 21 내가 본즉 이 뿔이 성도들과 더불어 싸워 그들에게 이겼으니, 26 그러 나 심판이 시작되면 그는 권세를 빼앗기고 완전히 멸망할 것이요

8 그들의 시체가 큰 성 길에 있으리니 그 성은 영적으로 하면 소돔이라고도 하고
애굽이라고도 하니 곧 그들의 주께서 못 박히신 곳이라[4)]
9 백성들과 족속과 방언과 나라 중에서 사람들이 그 시체를 사흘 반 동안을 보며
무덤에 장사하지 못하게 하리로다
10 이 선지자가 땅에 사는 자들을 괴롭게 한 고로 땅에 사는 자들이 그들의 죽음
을 즐거워하고 기뻐하여 서로 예물을 보내리라 하더라
11 삼 일 반 후에 하나님께로부터 생기가 그들 속에 들어가매[5)] 그들이 발로 일어
서니 구경하는 자들이 크게 두려워하더라
12 하늘로부터 큰 음성이 있어 이리로 올라오라 함을 그들이 듣고 구름을 타고
하늘로 올라가니 그들의 원수들도 구경하더라
13 그때에 큰 지진이 일어나서 성 십분의 일이 무너지고 죽은 사람이 칠천이라
그 남은 자들이 두려워하여 영광을 하늘의 하나님께 돌리더라
14 둘째 화는 지나갔으나 보라 셋째 화가 속히 이르는도다



4) (히13:12) 그러므로 예수도 자기 피로써 백성을 거룩하게 하려고 성문 밖에서 고난을 받으셨느니라
5) (단7:22) 옛적부터 항상 계신 이가 와서 지극히 높으신 이의 성도들을 위하여 원한을 풀어주셨고 때가 이르매 성도들이 나라를 얻었더라

# 일곱째 나팔 소리 (11장)

계11:15~19 | 15 일곱째 천사가 나팔을 불매 하늘에 큰 음성이 나서 이르되 세상
나라가 우리 주와 그의 그리스도의 나라가 되어 그가 세세토록 왕 노릇 하시리로
다 하니[1)]
16 하나님 앞에서 자기 보좌에 앉아 있던 이십사 장로가 엎드려 얼굴을 땅에 대
고 하나님께 경배하여
17 이르되 감사하옵나니 옛적에도 계셨고 지금도 계신 주 하나님 곧 전능하신 이
여 친히 큰 권능을 잡으시고 왕 노릇 하시도다
18 이방인들이 분노하매 주의 진노가 내려 죽은 자를 심판하시며 종 선지자들과
성도들과 또 작은 자든지 큰 자든지 주의 이름을 경외하는 자들에게 상 주시며
또 땅을 망하게 하는 자들을 멸망시키실 때로소이다 하더라
19 이에 하늘에 있는 하나님의 성전이 열리니 성전 안에 하나님의 언약궤[2)]가 보
이며 또 번개와 음성들과 우레와 지진과 큰 우박이 있더라



1) (단2:44) 이 여러 왕들의 시대에 하늘의 하나님이 한 나라를 세우시리니 이것은 영원히 망하지도 아니할 것이요 그 국권이 다른 백성에게로 돌아가지도 아니할 것이요 도리어 이 모든 나라를 쳐서 멸망시키고 영원히 설 것이라

2) (히9:4) 금 향로와 사면을 금으로 싼 언약궤가 있고 그 안에 만나를 담은 금 항아리와 아론의 싹 난 지팡이와 언약의 돌판들이 있고

# 여자와 용 (12장)

계12:1~17 | 1 하늘에 큰 이적이 보이니 해를 옷 입은 한 여자[1)]가 있는데 그 발아
래에는 달이 있고 그 머리에는 열두 별의 관을 썼더라
2 이 여자가 아이를 배어 해산하게 되매 아파서 애를 쓰며 부르짖더라
3 하늘에 또 다른 이적이 보이니 보라 한 큰 붉은 용[2)]이 있어 머리가 일곱이요
뿔이 열이라 그 여러 머리에 일곱 왕관이 있는데
4 그 꼬리가 하늘의 별 삼분의 일을 끌어다가 땅에 던지더라 용이 해산하려는 여
자 앞에서 그가 해산하면 그 아이를 삼키고자 하더니
5 여자가 아들을 낳으니 이는 장차 철장으로 만국을 다스릴 남자라 그 아이를 하
나님 앞과 그 보좌 앞으로 올려가더라[3)]
6 그 여자가 광야로 도망하매 거기서 천이백육십 일 동안 그를 양육하기 위하여
하나님께서 예비하신 곳이 있더라[4)]
7 하늘에 전쟁이 있으니 미가엘과 그의 사자들이 용과 더불어 싸울새 용과 그의
사자들도 싸우나
8 이기지 못하여 다시 하늘에서 그들이 있을 곳을 얻지 못한지라
9 큰 용이 내쫓기니 옛 뱀 곧 마귀라고도 하고 사탄이라고도 하며 온 천하를 꾀
는 자라 그가 땅으로 내쫓기니 그의 사자들도 그와 함께 내쫓기니라

말씀과 성령 안에서 답을 찾으라

1) (사66:7~8) 7 시온*은 진통을 하기 전에 해산하며 고통을 당하기 전에 남아를 낳았으니 8 이러한 일을 들은 자가 누구이며 이러한 일을 본 자가 누구냐 나라가 어찌 하루에 생기겠으며 민족이 어찌 한 순간에 태어나겠느냐 그러나 시온은 진통하는 즉시 그 아들을 순산하였도다

* (사60:14) 너를 괴롭히던 자의 자손이 몸을 굽혀 내게 나아오며 너를 멸시하던 모든 자가 네 발 아래에 엎드려 너를 일컬어 여호와의 성읍이라 이스라엘의 거룩한 이의 시온이라 하리라

2) (계20:2) 용을 잡으니 곧 옛 뱀이요 마귀요 사탄이라 잡아서 천년 동안 결박하여

3) (시2:6~9) 6 내가 나의 왕을 내 거룩한 산 시온에 세웠다 하시리로다 7 내가 여호와의 명령을 전하노라 여호와께서 내게 이르시되 너는 내 아들이라 오늘 내가 너를 낳았도다 8 내게 구하라 내가 이방 나라를 네 유업으로 주리니 네 소유가 땅 끝까지 이르리로다 9 네가 철장으로 그들을 깨뜨림이여 질그릇같이 부수리라 하시도다

4) (시57:1) 하나님이여 내게 은혜를 베푸소서 내게 은혜를 베푸소서 내 영혼이 주께로 피하되 주의 날개 그늘 아래에서 이 재앙들이 지나기까지 피하리이다

10 내가 들으니 하늘에 큰 음성이 있어 이르되 이제 우리 하나님의 구원과 능력
과 나라와 또 그의 그리스도의 권세가 나타났으니 우리 형제들을 참소하던 자 곧
우리 하나님 앞에서 밤낮 참소하던 자가 쫓겨났고
11 또 우리 형제들이 어린 양의 피와 자기들이 증언하는 말씀으로써 그를 이겼으
니 그들은 죽기까지 자기들의 생명을 아끼지 아니하였도다
12 그러므로 하늘과 그 가운데에 거하는 자들은 즐거워하라 그러나 땅과 바다는
화 있을진저 이는 마귀가 자기의 때가 얼마 남지 않은 줄을 알므로 크게 분내어
너희에게 내려갔음이라 하더라
13 용이 자기가 땅으로 내쫓긴 것을 보고 남자를 낳은 여자를 박해하는지라
14 그 여자가 큰 독수리의 두 날개를 받아 광야 자기 곳으로 날아가 거기서 그 뱀
의 낯을 피하여[5] 한 때와 두 때와 반 때[6]를 양육 받으매
15 여자의 뒤에서 뱀이 그 입으로 물을 토하여 여자를 물에 떠내려가게 하려 하되
16 땅이 여자를 도와 그 입을 벌려 용의 입에서 토한 강물을 삼키니
17 용이 여자에게 분노하여 돌아가서 그 여자의 남은 자손 곧 하나님의 계명을
지키며 예수의 증거를 가진 자들과 더불어 싸우려고 바다 모래 위에 서 있더라[7]



5) (출19:4) 내가 애굽 사람에게 어떻게 행하였음과 내가 어떻게 독수리 날개로 너희를 업어 내게로 인도하였음을 너희가 보았느니라

6) (단11:13) 북방 왕은 돌아가서 다시 군대를 전보다 더 많이 준비하였다가 몇 때 곧 몇 해 후에 대군과 많은 물건을 거느리고 오리라

7) (사27:1) 그날에 여호와께서 그의 견고하고 크고 강한 칼로 날랜 뱀 리워야단 곧 꼬불꼬불한 뱀 리워야단을 벌하시며 바다에 있는 용을 죽이시리라

# 짐승 두 마리 (13장)

계13:1~18 | 1 내가 보니 바다에서 한 짐승[1]이 나오는데 뿔이 열이요 머리가 일
곱이라 그 뿔에는 열 왕관이 있고 그 머리들에는 신성모독 하는 이름들이 있더라
2 내가 본 짐승은 표범과 비슷하고 그 발은 곰의 발 같고 그 입은 사자의 입 같은
데 용[2]이 자기의 능력과 보좌의 큰 권세를 그에게 주었더라
3 그의 머리 하나가 상하여 죽게 된 것 같더니 그 죽게 되었던 상처가 나으매 온
땅 이 놀랍게 여겨 짐승을 따르고
4 용이 짐승에게 권세를 주므로 용에게 경배하며 짐승에게 경배하여 이르되 누
가 이 짐승과 같으냐 누가 능히 이와 더불어 싸우리요 하더라
5 또 짐승이 과장되고 신성모독을 말하는 입을 받고 또 마흔두 달 동안 일할 권
세를 받으니라
6 짐승이 입을 벌려 하나님을 향하여 비방하되 그의 이름과 그의 장막 곧 하늘에
사는 자들을 비방하더라[3]
7 또 권세를 받아 성도들과 싸워 이기게 되고 각 족속과 백성과 방언과 나라[4]를
다스리는 권세를 받으니
8 죽임을 당한 어린 양의 생명책에 창세 이후로 이름이 기록되지 못하고 이 땅에
사는 자들은 다 그 짐승에게 경배하리라
9 누구든지 귀가 있거든 들을지어다
10 사로잡힐 자는 사로잡혀 갈 것이요 칼에 죽을 자는 마땅히 칼에 죽을 것이니
성도들의 인내와 믿음이 여기 있느니라

말씀과 성령 안에서 답을 찾으라

1) (단7:3) 큰 짐승 넷이 바다에서 나왔는데 그 모양이 각각 다르더라
2) (계12:3) 하늘에 또 다른 이적이 보이니 보라 한 큰 붉은 용이 있어 머리가 일곱이요 뿔이 열이라 그 여러 머리에 일곱 왕관이 있는데
3) (사37:23) 네가 훼방하며 능욕한 것은 누구에게냐 네가 소리를 높이며 눈을 높이 들어 향한 것은 누구에게냐 곧 이스라엘의 거룩하신 이에게니라
4) (계14:6) 또 내가 보니 다른 천사가 공중에 날아가는데 땅에 거주하는 자들 곧 모든 민족과 종족과 방언과 백성에게 전할 영원한 복음을 가졌더라

11 내가 보매 또 다른 짐승[5]이 땅에서 올라오니 어린 양같이 두 뿔이 있고 용처럼
말을 하더라
12 그가 먼저 나온 짐승의 모든 권세를 그 앞에서 행하고 땅과 땅에 사는 자들을
처음 짐승에게 경배하게 하니 곧 죽게 되었던 상처가 나은 자니라
13 큰 이적을 행하되 심지어 사람들 앞에서 불이 하늘로부터 땅에 내려오게 하고
14 짐승 앞에서 받은 바 이적을 행함으로 땅에 거하는 자들을 미혹하여 땅에 거
하는 자들에게 이르기를 칼에 상하였다가 살아난 짐승을 위하여 우상을 만들라
하더라
15 그가 권세를 받아 그 짐승의 우상에게 생기를 주어 그 짐승의 우상으로 말하
게 하고 또 짐승의 우상에게 경배하지 아니하는 자는 몇이든지 다 죽이게 하더라
16 그가 모든 자 곧 작은 자나 큰 자나 부자나 가난한 자나 자유인이나 종들에게
그 오른손에나 이마에 표를 받게 하고
17 누구든지 이 표를 가진 자 외에는 매매를 하지 못하게 하니 이 표는 곧 짐승의
이름이나 그 이름의 수라
18 지혜가 여기 있으니 총명한 자는 그 짐승[6]의 수를 세어 보라 그것은 사람의
수니 그의 수는 육백육십육이니라

말씀과 성령 안에서 답을 찾으라

5) (계11:7) 그들이 증언을 마칠 때에 무저갱으로부터 올라오는 짐승이 그들과 더불어 전쟁을 일으켜 그들을 이기고 그들을 죽일 터인즉

6) (계12:3, 9, 17:3, 9, 13:18) 12:3 하늘에 또 다른 이적이 보이니 보라 한 큰 붉은 용이 있어 머리 가 일곱이요 뿔이 열이라 그 여러 머리에 일곱 왕관이 있는데 ⇨ 12:9 큰 용이 내쫓기니 옛 뱀 곧 마귀라고도 하고 사탄이라고도 하며 온 천하를 꾀는 자라 그가 땅으로 내쫓기니 그의 사자들도 그와 함께 내쫓기니라 ⇨ 17:3 곧 성령으로 나를 데리고 광야로 가니라 내가 보니 여자가 붉은빛 짐승(계12:3)을 탔는데 그 짐승의 몸에 하나님을 모독하는 이름들이 가득하고 일곱 머리 와 열 뿔이 있으며 ⇨ 17:9 지혜 있는 뜻이 여기 있으니 그 일곱 머리는 일곱 산이요 ⇨ 13:18 지혜가 여기 있으니 총명한 자는 그 짐승(사탄=용, 옛 뱀, 마귀<계12:9>)의 수를 세어 보라 그것은 사람의 수니 그의 수는 육백육십육이니라

# 십사만 사천 명이 부르는 노래 (14장)

**계14:1~5 | 1** 또 내가 보니 보라 어린 양이 시온 산에 섰고 그와 함께 십사만 사
천[1]이 서 있는데 그들의 이마에는 어린 양의 이름과 그 아버지의 이름을 쓴 것이
있더라
2 내가 하늘에서 나는 소리를 들으니 많은 물소리와도 같고 큰 우렛소리와도 같
은데 내가 들은 소리는 거문고 타는 자들이 그 거문고를 타는 것 같더라
3 그들이 보좌 앞과 네 생물과 장로들 앞에서 새 노래[2]를 부르니 땅에서 속량함
을 받은 십사만 사천 밖에는 배울 자가 없더라
4 이 사람들은 여자와 더불어 더럽히지 아니하고 순결한 자라 어린 양이 어디로
인도하든지 따라가는 자며 사람 가운데에서 속량함을 받아 처음 익은 열매로 하
나님과 어린 양에게 속한 자들이니
5 그 입에 거짓말이 없고 흠이 없는 자들이더라[3]

**말씀과 성령 안에서 답을 찾으라**

1) (계7:9~10, 14, 14:3~4) 9 이 일 후에 내가 보니 각 나라와 족속과 백성과 방언에서 아무도 능히 셀 수 없는 큰 무리가 나와 흰옷을 입고 손에 종려 가지를 들고 보좌 앞과 어린양 앞에 서서
10 큰 소리로 외쳐 이르되 구원하심이 보좌에 앉으신 우리 하나님과 어린 양에게 있도다 하니, 14 내가 말하기를 내 주여 당신이 아시나이다 하니 그가 나에게 이르되 이는 큰 환난에서 나오는 자들인데 어린 양의 피에 그 옷을 씻어 희게 하였느니라, 3 그들이 보좌 앞과 네 생물과 장로들 앞에서 새 노래를 부르니 땅에서 속량함을 받은 십사만 사천 밖에는 능히 이 노래를 배울 자가 없더라 4 이 사람들은 여자와 더불어 더럽히지 아니하고 순결한 자라 어린 양이 어디로 인도하든지 따라가는 자며 사람 가운데에서 속량함을 받아 처음 익은 열매로 하나님과 어린 양에게 속한 자들이니

2) (계5:9) 그들이 새 노래를 불러 이르되 두루마리를 가지시고 그 인봉을 떼기에 합당하시도다 일찍이 죽임을 당하사 각 족속과 방언과 백성과 나라 가운데에서 사람들을 피로 사서 하나님께 드리시고

3) (시32:2) 마음에 간사함이 없고 여호와께 정죄를 당하지 아니하는 자는 복이 있도다

# 세 천사가 전하는 말 (14장)

계14:6~13 | 6 또 보니 다른 천사가 공중에 날아가는데 땅에 거주하는 자들 곧 모
든 민족과 종족과 방언과 백성에게 전할 영원한 복음을 가졌더라
7 그가 큰 음성으로 이르되 하나님을 두려워하며 그에게 영광을 돌리라 이는 그
의 심판의 시간이 이르렀음이니 하늘과 땅과 바다와 물들의 근원을 만드신 이를
경배하라 하더라
8 또 다른 천사 곧 둘째가 그 뒤를 따라 말하되 무너졌도다 무너졌도다 큰 성 바
벨론[1]이여 모든 나라에게 그의 음행으로 말미암아 진노의 포도주를 먹이던 자로
다 하더라
9 또 다른 천사 곧 셋째가 그 뒤를 따라 큰 음성으로 이르되 만일 누구든지 짐승
과 그의 우상에게 경배하고 이마에나 손에 표를 받으면[2]
10 그도 하나님의 진노의 포도주를 마시리니 그 진노의 잔에 섞인 것이 없이 부
은 포도주라 거룩한 천사들 앞과 어린 양 앞에서 불과 유황으로 고난을 받으리니
11 그 고난의 연기가 세세토록 올라가리로다 짐승과 그의 우상에게 경배하고 그
의 이름표를 받는 자는 누구든지 밤낮 쉼을 얻지 못하리라 하더라
12 성도들의 인내가 여기 있나니 그들은 하나님의 계명과 예수에 대한 믿음을 지
키는 자니라
13 또 내가 들으니 하늘에서 음성이 나서 이르되 기록하라 지금 이후로 주 안에
서 죽는 자들은 복이 있도다[3]



1) (계18:2) 힘찬 음성으로 외쳐 이르되 무너졌도다 무너졌도다 큰 성 바벨론이여 귀신의 처소와 각종 더러운 영이 모이는 곳과 각종 더럽고 가증한 새들이 모이는 곳이 되었도다

2) (계13:16) 그가 모든 자 곧 작은 자나 큰 자나 부자나 가난한 자나 자유인이나 종들에게 그 오른손에나 이마에 표를 받게 하고

3) (살전4:14) 우리가 예수께서 죽으셨다가 다시 살아나심을 믿을진대 이와 같이 예수 안에서 자는 자들도 하나님이 그와 함께 데리고 오시리라

# 마지막 수확 (14장)

**계14:14~16 | 14** 또 내가 보니 흰 구름이 있고 구름 위에 인자와 같은 이[1]가 앉으
셨는데 그 머리에는 금 면류관이 있고 그 손에는 예리한 낫[2]을 가졌더라
**15** 또 다른 천사가 성전으로부터 나와 구름 위에 앉은 이를 향하여 큰 음성으로
외쳐 이르되 당신의 낫을 휘둘러 거두소서 땅의 곡식이 다 익어 거둘 때가 이르
렀음이니이다
**16** 구름 위에 앉으신 이가 낫을 땅에 휘두르매 땅의 곡식이 거두어 지니라

말씀과 성령 안에서 답을 찾으라

1) (단7:13) 내가 또 밤 환상 중에 보니 인자 같은 이가 하늘 구름을 타고 와서 옛적부터 항상 계신 이에게 나아가 그 앞으로 인도되매
2) (슥5:1) 내가 다시 눈을 들어 본즉 날아가는 두루마리가 있더라

# 마지막 재난을 가지고 온 천사 (14장)

계14:17~20 | 17 또 다른 천사가 하늘에 있는 성전에서 나오는데 역시 예리한 낫
[1]을 가졌더라
18 또 불을 다스리는 다른 천사가 제단으로부터 나와 예리한 낫 가진 자를 향하
여 큰 음성으로 불러 이르되 네 예리한 낫을 휘둘러 땅의 포도송이를 거두라 그
포도가 익었느니라 하더라
19 천사가 낫을 땅에 휘둘러 땅의 포도를 거두어 하나님의 진노의 큰 포도주 틀
에 던지매
20 성 밖에서 그 틀이 밟히니[2] 틀에서 피가 나서 말 굴레에까지 닿았고 천육백
스타디온에 퍼졌더라



1) (슥5:1) 내가 다시 눈을 들어 본즉 날아가는 두루마리가 있더라
2) (계19:15) 그의 입에서 예리한 검이 나오니 그것으로 만국을 치겠고 친히 그들을 철장으로 다스리며 또 친히 하나님 곧 전능하신 이의 맹렬한 진노의 포도주 틀을 밟겠고

# 마지막 재앙 (15장)

계15:1~8 | 1 또 하늘에 크고 이상한 다른 이적을 보매 일곱 천사가 일곱 재앙을
가졌으니 곧 마지막 재앙이라 하나님의 진노가 이것으로 마치리로다
2 또 내가 보니 불이 섞인 유리 바다[1] 같은 것이 있고 짐승과 그의 우상과 그의이
름의 수[2]를 이기고 벗어난 자들[3]이 유리 바다가에 서서 하나님의 거문고를 가지고
3 하나님의 종 모세의 노래[4], 어린 양의 노래를 불러 이르되 주 하나님 곧 전능하
신이시여 하시는 일이 크고 놀라우시도다 만국의 왕이시여 주의 길이 의롭고 참
되시도다
4 주여 누가 주의 이름을 두려워하지 아니하며 영화롭게 하지 아니하오리이까 오
직 주만 거룩하시니이다 주의 의로우신 일이 나타났으매 만국이 와서 주께 경배
하리이다 하더라
5 또 이 일 후에 내가 보니 하늘에 증거 장막의 성전이 열리며
6 일곱 재앙을 가진 일곱 천사가 성전으로부터 나와 맑고 빛난 세마포 옷[5]을 입
고 가슴에 금띠를 띠고
7 네 생물 중의 하나가 영원토록 살아계신 하나님의 진노를 가득히 담은 금 대접
일곱을 그 일곱 천사들에게 주니
8 하나님의 영광과 능력으로 말미암아 성전에 연기가 가득 차매 일곱 천사의 일
곱 재앙이 마치기까지는 성전에 능히 들어갈 자가 없더라

말씀과 성령 안에서 답을 찾으라

1) (겔1:22) 그 생물의 머리 위에는 수정 같은 궁창의 형상이 있어 보기에 두려운데 그들의 머리 위에 펼쳐져 있고
2) (계13:18) 지혜가 여기 있으니 총명한 자는 그 짐승의 수를 세어 보라 그것은 사람의 수니 육백육십육이니라
3) (계7:14) 내가 말하기를 내 주여 당신이 아시나이다 하니 그가 나에게 이르되 이는 큰 환난에서 나오는 자들인데 어린 양의 피에 그 옷을 씻어 희게 하였느니라
4) (출15:1) 이때에 모세와 이스라엘 자손이 이 노래로 여호와께 노래하니 일렀으되 내가 여호와를 찬송하리니 그는 높고 영화로우심이요 말과 그 탄 자를 바다에 던지셨음이로다
5) (계19:8) 그에게 빛나고 깨끗한 세마포 옷을 입도록 허락하셨으니 이 세마포 옷은 성도들의 옳은 행실이로다

# 진노의 일곱 대접 (16장)

계16:1~21 | 1 또 내가 들으니 성전에서 큰 음성이 나서 일곱 천사에게 말하되 너
희는 가서 하나님의 진노의 일곱 대접을 땅에 쏟으라 하더라[1)]
2 첫째 천사가 가서 그 대접을 땅에 쏟으매 짐승의 표를 받은 사람들과 그 우상에
게 경배하는 자들에게 독한 종기가 나더라
3 둘째 천사가 그 대접을 바다에 쏟으매 바다가 곧 죽은 자의 피같이 되니 바다
가운데 모든 생물이 죽더라[2)]
4 셋째 천사가 그 대접을 강과 물 근원에 쏟으매 피가 되더라
5 내가 들으니 물을 차지한 천사가 이르되 전에도 계셨고 지금도 계신 거룩하신
이[3)]여 이렇게 심판하시니 의로우시도다
6 그들이 성도들과 선지자들의 피를 흘렸으므로 그들에게 피를 마시게 하신 것이
합당하니이다 하더라[4)]
7 또 내가 들으니 제단이 말하기를 그러하다 주 하나님 곧 전능하신이시여 심판
하시는 것이 참되시고 의로우시도다 하더라
8 넷째 천사가 그 대접을 해에 쏟으매 해가 권세를 받아 불로 사람들을 태우니[5)]
9 사람들이 크게 태움에 태워진지라 이 재앙들을 행하는 권세를 가지신 하나님의
이름을 비방하며 또 회개하지 아니하고 주께 영광을 돌리지 아니하더라[6)]
10 또 다섯째 천사가 그 대접을 짐승의 왕좌에 쏟으니 그 나라가 곧 어두워지며
사람들이 아파서 자기 혀를 깨물고
11 아픈 것과 종기로 말미암아 하늘의 하나님을 비방하고[7)] 그들의 행위를 회개하
지 아니하더라



1) (계15:1) 또 하늘에 크고 이상한 다른 이적을 보매 일곱 천사가 일곱 재앙을 가졌으니 곧 마지막 재앙이라 하나님의 진노가 이것으로 마치리로다
2) (계17:15) 또 천사가 내게 말하되 네가 본 바 음녀가 앉아 있는 물은 백성과 무리와 열국과 방언들이니라
3) (단7:9) 내가 보니 왕좌가 놓이고 옛적부터 항상 계신 이가 좌정하셨는데 그의 옷은 희기가 눈 같고 그의 머리털은 깨끗한 양의 털 같고 그의 보좌는 불꽃이요 그의 바퀴는 타오르는 불이며
4) (사49:26) 내가 너를 억압하는 자들에게 자기의 살을 먹게 하며 새 술에 취함같이 자기의 피에 취하게 하리니 모든 육체가 나 여호와는 네 구원자요 네 구속자요 야곱의 전능자인 줄 알리라
5) (시121:6) 낮의 해가 너를 상하게 하지 아니하며 밤의 달도 너를 해치지 아니하리로다
6) (롬2:4) 혹 네가 하나님의 인자하심이 너를 인도하여 회개하게 하심을 알지 못하여 그의 인자하심과 용납하심과 길이 참으심이 풍성함을 멸시하느냐

12 또 여섯째 천사가 그 대접을 큰 강 유브라데에 쏟으매 강물이 말라서 동방에
서 오는 왕들의 길이 예비되었더라
13 또 내가 보매 개구리 같은 세 더러운 영이 용[8]의 입과 짐승[9]의 입과 거짓 선
지자의 입에서 나오니
14 그들은 더러운 귀신의 영이라 이적을 행하여 온 천하 왕들에게 가서 하나님
곧 전능하신 이의 큰 날에 있을 전쟁을 위하여 그들을 모으더라
15 보라 내가 도둑 같이 오리니 누구든지 깨어 자기 옷을 지켜 벌거벗고 다니지
아니하며 자기의 부끄러움을 보이지 아니하는 자는 복이 있도다[10]
16 세 영이 히브리어로 아마겟돈이라 하는 곳으로 왕들을 모으더라[11]
17 일곱째 천사가 그 대접을 공중에 쏟으매 큰 음성이 성전에서 보좌로부터 나서
이르되 되었다 하시니
18 번개와 음성들과 우렛소리가 있고 또 큰 지진이 있어 얼마나 큰지 사람이 땅
에 있어 온 이래로 이같이 큰 지진이 없었더라[12]
19 큰 성이 세 갈레로 갈라지고 만국의 성들도 무너지니 큰 성 바벨론이 하나님
앞에 기억하신 바 되어 그의 맹렬한 진노의 포도주 잔을 받으매
20 각 섬도 없어지고 산악도 간 데 없더라
21 또 무게가 한 달란트나 되는 큰 우박이 하늘로부터 사람들에게 내리매 사람들
이 그 우박의 재앙 때문에 하나님을 비방하니 그 재앙이 심히 큼이라

말씀과 성령 안에서 답을 찾으라

7) (계13:6) 짐승이 입을 벌려 하나님을 향하여 비방하되 그의 이름과 그의 장막곧 하늘에 사는 자들을 비방하더라

8) (계12:3) 하늘에 또 다른 이적이 보이니 보라 한 큰 붉은 용이 있어 머리가 일곱이요 뿔이 열이라 그 여러 머리에 일곱 왕관이 있는데

9) (계13:11) 내가 또 보매 또 다른 짐승이 땅에서 올라오니 어린 양같이 두 뿔이 있고 용처럼 말을 하더라

10) (빌3:9) 그 안에서 발견되려 함이니 내가 가진 의는 율법에서 난 것이 이니요 오직 그리스도를 믿음으로 말미암은 것이니 곧 믿음으로 하나님께로부터 난 의라

11) (계19:19~20) 19 또 내가 보매 그 짐승과 땅의 임금들과 그들의 군대*들이 모여 그 말 탄 자**와 그의 군대***와 더불어 전쟁을 일으키다가 20 짐승이 잡히고 그 앞에서 표적을 행하던 거짓 선지자도 함께 잡혔으니 이는 짐승의 표를 받고 그의 우상에게 경배하던 자들을 표적으로 미혹하던 자라 이 둘이 산 채로 유황불 붙는 못에 던져지고

* (계16:14) 그들은 귀신의 영이라 이적을 행하여 온 천하 왕들에게 가서 하나님 곧 전능하신 이의 큰 날에 있을 전쟁을 위하여 그들을 모으더라

** (계19:11) 또 내가 하늘이 열린 것을 보니 보라 백마와 그것을 탄 자가 있으니그 이름은 충신과 진실이라 그가1) 공의로 심판하며 싸우더라

*** (계19:14) 하늘에 있는 군대들이 희고 깨끗한 세마포 옷을 입고 백마를 타고 그를 따르더라

12) (단12:1) 그때에 네 민족을 호위하는 큰 군주 미가엘이 일어날 것이요 또 환난이 있으리니 이는 개국 이래로 그때까지 없던 환난일 것이며 그때에 네 백성 중 책에 기록된 모든 자가 구원을 받을 것이라

# 큰 음녀에게 내릴 심판 (17장)

계17:1~18 | 1 또 일곱 대접을 가진 일곱 천사 중 하나가 와서 내게 말하여 이르
되 이리로 오라 많은 물[1] 위에 앉은 큰 음녀[2]가 받을 심판을 네게 보이리라
2 땅의 임금들도 그와 더불어 음행하였고 땅에 사는 자들도 그 음행의 포도주에
취하였다 하고
3 곧 성령으로 나를 데리고 광야로 가니라 내가 보니 여자가 붉은 빛 짐승[3]을 탔
는데 그 짐승의 몸에 하나님을 모독하는 이름들이 가득하고 일곱 머리와 열 뿔이
있으며
4 그 여자는 자줏빛과 붉은빛 옷을 입고 금과 보석과 진주로 꾸미고 손에 금 잔
을 가졌는데 가증한 물건과 그의 음행의 더러운 것들이 가득하더라
5 그의 이마에 이름이 기록되었으니 비밀이라, 큰 바벨론이라, 땅의 음녀들과 가
증한 것들의 어미라 하였더라[4]
6 또 내가 보매 이 여자가 성도들의 피와 예수의 증인들의 피에 취한지라 내가
그 여자를 보고 놀랍게 여기고 크게 놀랍게 여기니[5]
7 천사가 이르되 왜 놀랍게 여기느냐 내가 여자와 그가 탄 일곱 머리와 열 뿔 가
진 짐승의 비밀을 네게 이르리라

말씀과 성령 안에서 답을 찾으라

1) (계17:15) 또 천사가 내게 말하되 네가 본 바 음녀가 앉아 있는 물은 백성과 무리와 열국과 방언들이니라
2) (계17:5) 그의 이마에 이름이 기록되었으니 비밀이라, 큰 바벨론이라, 땅의 음녀들과 가증한 것들의 어미라 하였더라
3) (계12:3) 하늘에 또 다른 이적이 보이니 보라 한 큰 붉은 용이 있어 머리가 일곱이요 뿔이 열이라 그 여러 머리에 일곱 왕관이 있는데
4) (계14:8) 또 다른 천사 곧 둘째가 그 뒤를 따라 말하되 무너졌도다 무너졌도다 큰 성 바벨론이여 모든 나라에게 그의 음행으로 말미암아 진노의 포도주를 먹이던 자로다 하더라
5) (계18:24) 선지자들과 성도들과 및 땅 위에서 죽임을 당한 모든 자의 피가 그 성중에서 발견되었느니라 하더라

8 네가 본 짐승은 전에 있었다가 지금은 없으나 장차 무저갱으로부터 올라와 멸
망으로 들어갈 자니 땅에 사는 자들로서 창세 이후로 그 이름이 생명책에 기록되
지 못한 자들이 이전에 있었다가 지금은 없으나 장차 나올 짐승을 보고 놀랍게
여기리라[6)]
9 지혜 있는 뜻이 여기 있으니 그 일곱 머리는 여자가 앉은 일곱 산이요
10 또 일곱 왕이라 다섯은 망하였고 하나는 있고 다른 하나는 아직 이르지 아니
하였으나 이르면 반드시 잠시 동안 머무르리라
11 전에 있었다가 지금 없어진 짐승은 여덟째 왕이니 일곱 중에 속한 자라 그가
멸망으로 들어가리라
12 네가 보던 열 뿔은 열 왕이니 아직 나라를 얻지 못하였으나 다만 짐승과 더불
어 임금처럼 한동안 권세를 받으리라
13 그들이 한 뜻을 가지고 자기의 능력과 권세를 짐승에게 주더라
14 그들이 어린 양과 더불어 싸우려니와 어린 양은 만주의 주시요 만왕의 왕이
시므로 그들을 이기실 터이요 또 그와 함께 있는 자들 곧 부르심을 받고 택하심
을 받은 진실한 자들도 이기리로다
15 또 천사가 내게 말하되 네가 본 바 음녀가 앉아 있는 물은 백성과 무리와 열국
과 방언들이니라[7)]
16 네가 본 바 이 열 뿔과 짐승은 음녀를 미워하여 망하게 하고 벌거벗게 하고 그
의 살을 먹고 불로 아주 사르리라
17 이는 하나님이 자기 뜻대로 할 마음을 그들에게 주사 한뜻을 이루게 하시고
그들의 나라를 그 짐승에게 주게 하시되 하나님의 말씀이 응하기까지 하심이라
18 또 네가 본 그 여자는 땅의 왕들을 다스리는 큰 성[8)]이라 하더라



6) (계11:7) 그들이 증언을 마칠 때에 무저갱으로부터 올라오는 짐승이 그들과 더불어 전쟁을 일으켜 그들을 이기고 그들을 죽일 터인즉

7) (계14:6) 또 보니 다른 천사가 공중에 날아가는데 땅에 거주하는 자들 곧 모든 민족과 종족과 방언과 백성에게 전할 영원한 복음을 가졌더라

8) (계17:5) 그의 이마에 이름이 기록되었으니 비밀이라, 큰 바벨론이라, 땅의 음녀들과 가증한 것들의 어미라 하였더라

# 바벨론의 패망 (18장)

계18:1~24 | 1 이 일 후에 다른 천사가 하늘에서 내려오는 것을 보니 큰 권세를 가
졌는데 그의 영광으로 땅이 환하여지더라
2 힘찬 음성으로 외쳐 이르되 무너졌도다 무너졌도다 큰 성 바벨론이여 귀신의
처소와 각종 더러운 영이 모이는 곳[1]과 각종 더럽고 가증한 새들이 모이는 곳[1]이
되었도다
3 그 음행의 진노의 포도주로 말미암아 만국이 무너졌으며 또 땅의 왕들이 그와
더불어 음행하였으며 땅의 상인들도 그 사치의 세력으로 치부하였도다 하더라[2]
4 또 내가 들으니 하늘로부터 다른 음성이 나서 이르되 내 백성아, 거기서 나와
그의 죄에 참여하지 말고 그가 받을 재앙들을 받지 말라[3]
5 그의 죄는 하늘에 사무쳤으며 하나님은 그의 불의한 일을 기억하신지라
6 그가 준 대로 그에게 주고 그 행위대로 갑절을 갚아주고 그가 섞은 잔에도 갑
절이나 섞어 그에게 주라
7 그가 얼마나 자기를 영화롭게 하였으며 사치하였든지 그만큼 고통과 애통함으
로 갚아주라 그가 마음에 말하기를 나는 여왕으로 앉은 자요 과부가 아니라 결단
코 애통함을 당하지 아니하리라 하니
8 그러므로 하루 동안에 그 재앙들이 이르리니 곧 사망과 애통함과 흉년이라 그
가 또한 불에 살라지리니 그를 심판하시는 주 하나님은 강하신 자이심이라
9 그와 함께 음행하고 사치하던 땅의 왕들이 그가 불타는 연기를 보고 위하여 울
고 가슴을 치며
10 그의 고통을 무서워하여 멀리 서서 이르되 화 있도다 화 있도다 큰 성, 견고한
성 바벨론이여 한 시간에 네 심판이 이르렀다 하리로다
11 땅의 상인들이 그를 위하여 울고 애통하는 것은 다시 그들의 상품을 사는 자
가 없음이라[4]



1) 감옥 (성경 아래 '주'를 보라)

2) (렘25:15, 27) 15 이스라엘의 하나님 여호와께서 이같이 내게 이르시되 너는 내 손에서 이 진노의 술잔을 받아가지고 내가 너를 보내는 바 그 모든 나라로 하여금 마시게 하라. 27 너는 그들에게 이르기를 만군의 여호와 이스라엘의 하나님의 말씀에 너희는 내가 너희 가운데 보내는 칼 앞에서 마시며 취하여 토하고 엎드러져 다시는 일어나지 말아라 하셨느니라

3) (고후6:7) 진리의 말씀과 하나님의 능력으로 의의 무기를 좌우에 가지고

4) (겔27:27) 네 재물과 상품과 바꾼 물건과 네 사공과 선장과 네 배의 틈을 막는 자와 네 상인과 네 가운데에 있는 모든 용사와 네 가운데에 있는 모든 무리가 네가 패망하는 날에다 바다 한가운데에 빠질 것임이여

12 그의 상품은 금과 은과 보석과 진주와 세마포와 자주 옷감과 비단과 붉은 옷
감이요 각종 향목과 각종 상아 그릇이요 값진 나무와 구리와 철과 대리석으로 만
든 각종 그릇이요
13 계피와 향료와 향과 향유와 유향과 포도주와 감람유와 고운 밀가루와 밀이요
소와 양과 말과 수레와 종들과 사람의 영혼들이라
14 바벨론아 네 영혼이 탐하던 과일이 네게서 떠났으며 맛있는 것들과 빛난 것
들이 다 없어졌으니 사람들이 결코 이것들을 다시 보지 못하리로다
15 바벨론으로 말미암아 치부한 이 상품의 상인들이 그의 고통을 무서워하여 멀
리 서서 울고 애통하여[5)]
16 이르되 화 있도다 화 있도다 큰 성이여 세마포 옷과 자주 옷과 붉은 옷을 입고
금과 보석과 진주로 꾸민 것인데[6)]
17 그러한 부가 한 시간에 망하였도다 모든 선장과 각처를 다니는 선객들과 선원
들과 바다에서 일하는 자들이 멀리 서서
18 그가 불타는 연기를 보고 외쳐 이르되 이 큰 성과 같은 성이 어디 있느냐 하며
19 티끌을 자기 머리에 뿌리고 울며 애통하여 외쳐 이르되 화 있도다 화 있도다
이 큰 성이여 바다에서 배 부리는 모든 자들이 너의 보배로운 상품으로 치부하였
더니 한 시간에 망하였도다
20 하늘과 성도들과 사도들과 선지자들아, 그로 말미암아 즐거워하라 하나님이
너희를 위하여 그에게 심판을 행하셨음이라 하더라
21 이에 한 힘센 천사가 큰 멧돌 같은 돌을 들어 바다에 던져 이르되 큰 성 바벨
론아 이같이 비참하게 던져져 결코 다시 보이지 아니하리로다[7)]
22 또 거문고 타는 자와 퉁소 부는 자와 나팔 부는 자들의 소리가 결코 다시 네
안에서 들리지 아니하고 어떠한 세공업자든지 결코 다시 네 안에서 보이지 아니
하고 또 멧돌 소리가 결코 다시 네 안에서 들리지 아니하고
23 등불 빛이 결코 다시 네 안에서 비치지 아니하고 신랑과 신부의 음성이 결코
다시 네 안에서 들리지 아니하리로다 너의 상인들은 땅의 왕족들이라 네 복술로
말미암아 만국이 미혹되었도다
24 선지자들과 성도들과 및 땅 위에서 죽임을 당한 모든 자의 피가 그 성 중에서
발견되었느니라 하더라



5) (겔27:36) 많은 민족의 상인들이 다 너를 비웃음이여 네가 공포의 대상이 되고 네가 영원히 다시 있지 못하리라 하셨느니라

6) (계17:4) 그 여자는 자줏빛과 붉은빛 옷을 입고 금과 보석과 진주로 꾸미고 손에 금 잔을 가졌는데 가증한 물건과 그의 음행의 더러운 것들이 가득하더라

7) (렘51:63~64) 63 너는 이 책 읽기를 다한 후에 책에 돌을 매어 유브라데강 속에 던지며 64 말하기를 바벨론이 나의 재난 때문에 이같이 몰락하여 다시 일어서지 못하리니 그들이 피폐하리라 하라 하니라 예레미야의 말이 이에 끝나니라

# 어린 양의 혼인 잔치 (19장)

계19:1~10 | 1 이 일 후에 내가 들으니 하늘에 허다한 무리의 큰 음성 같은 것이
있어 이르되 할렐루야 구원과 영광과 능력이 우리 하나님께 있도다
2 그의 심판은 참되고 의로운지라 음행으로 땅을 더럽게 한 큰 음녀를 심판하사
자기 종들의 피를 그 음녀의 손에 갚으셨도다[1] 하고
3 두 번째로 할렐루야 하니 그 연기가 세세토록 올라가더라
4 또 이십사 장로와 네 생물이 엎드려 보좌에 앉으신 하나님께 경배하여 이르되
아멘 할렐루야 하니
5 보좌에서 음성이 나서 이르시되 하나님의 종들 곧 그를 경외하는 너희들아 작
은 자나 큰 자나 다 우리 하나님께 찬송하라[2] 하더라
6 또 내가 들으니 허다한 무리의 음성과도 같고 많은 물소리와도 같고 큰 우렛소리
와도 같은 소리로 이르되 할렐루야 주 우리 하나님 곧 전능하신 이가 통치하시도다
7 우리가 즐거워하고 크게 기뻐하며 그에게 영광을 돌리세 어린 양의 혼인 기약
이 이르렀고 그의 아내[3]가 자신을 준비하였으므로
8 그에게 빛나고 깨끗한 세마포 옷[4]을 입도록 허락하셨으니 이 세마포 옷은 성
도들의 옳은 행실이로다 하더라
9 천사가 내게 말하기를 기록하라 어린 양의 혼인 잔치에 청함을 받은 자들은 복
이 있도다 하고 또 내게 말하되 이것은 하나님의 참되신 말씀이라 하기로
10 내가 그 발 앞에 엎드려 경배하려 하니 그가 나에게 말하기를 나는 너와 및 예
수의 증언을 받은 네 형제들과 같이 된 종이니 삼가 그리하지 말고 오직 하나님
께 경배하라 예수의 증언은 예언의 영이라 하더라

말씀과 성령 안에서 답을 찾으라

1) (신32:43) 너희 민족들아 주의 백성과 즐거워하라 주께서 그 종들의 피를 갚으사그 대적들에게 복수하시고 자기 땅과 자기 백성을 위하여 속죄하시리로다
2) (시134:1) 보라 밤에 여호와의 성전에서 있는 여호와의 모든 종들아 여호와를 송축하라
3) (계21:9~10) 9 일곱 대접을 가지고 마지막 일곱 재앙을 담은 일곱 천사 중 하나가 나아와서 내게 말하여 이르되 이리오라 내가 신부 곧 어린 양의 아내를 네게 보이리라 하고 10 성령으로 나를 데리고 크고 높은 산으로 올라가 하나님께로부터 하늘에서 내려오는 거룩한성 예루살렘을 보이니
4) (빌3:9) 그 안에서 발견되려 함이니 내가 가진 의는 율법에서 난 것이 아니요 오직 그리스도를 믿음으로 말미암은 것이니 곧 믿음으로 하나님께로부터 난 의라

# 백마를 탄 자 (19장)

계19:11~21 | 11 또 내가 하늘이 열린 것을 보니 보라 백마와 그것을 탄 자가 있으
니 그 이름은 충신과 진실이라 그가[1] 공의로 심판하며 싸우더라
12 그 눈은 불꽃 같고 그 머리에는 많은 관들이 있고 또 이름 쓴 것 하나가 있으
니 자기밖에 아는 자가 없고
13 또 그가 피 뿌린 옷을 입었는데 그 이름은 하나님의 말씀이라 칭하더라
14 하늘에 있는 군대들이 희고 깨끗한 세마포 옷을 입고 백마를 타고 그를 따르
더라
15 그의 입에서 예리한 검이 나오니 그것으로 만국을 치겠고 친히 그들을 철장으
로 다스리며 또 친히 하나님 곧 전능하신 이의 맹렬한 진노의 포도주 틀을 밟겠고[2]
16 그 옷과 그 다리에 이름을 쓴 것이 있으니 만왕의 왕이요 만주의 주라 하였더라
17 또 내가 보니 한 천사가 태양 안에 서서 공중에 나는 모든 새를 향하여 큰 음
성으로 외쳐 이르되 와서 하나님의 큰 잔치에 모여
18 왕들의 살과 장군들의 살과 장사들의 살과 말들과 그것을 탄 자들의 살과 자
유인들이나 종들이나 작은 자나 큰 자나 모든 자의 살을 먹으라 하더라
19 또 내가 보매 그 짐승과 땅의 임금들과 그들의 군대들이 모여 그 말 탄 자와
그의 군대와 더불어 전쟁을 일으키다가
20 짐승[3]이 잡히고 그 앞에서 표적을 행하던 거짓 선지자도 함께 잡혔으니 이는
짐승의 표를 받고 그의 우상에게 경배하던 자들을 표적으로 미혹하던 자라 이 둘
이 산 채로 유황불 붙는 못[4]에 던져지고
21 그 나머지는 말 탄 자의 입으로부터 나오는 검에 죽으매 모든 새가 그들의 살
로 배불리더라

말씀과 성령 안에서 답을 찾으라

1) (단7:13, 계19:11, 16) 13 내가 또 밤 환상 중에 인자 같은 이가 하늘 구름을 타고 와서 옛적부터 항상 계신 이에게 나아가 그 앞으로 인도되매, 11 또 내가 하늘이 열린 것을 보니 보라 백마와 그것을 탄 자가 있으니 그 이름은 충신과 진실이라 그가 공의로 심판하며 싸우더라, 16 그 옷과 다리에 이름을 쓴 것이 있으니 만왕의 왕이요 만 주의 주라 하였다라
2) (시2:9) 네가 철장으로 그들을 깨뜨림이여 질그릇같이 부수리라 하시도다
3) (계13:11) 내가 보매 또 다른 짐승이 땅에서 올라오니 어린 양같이 두 뿔이 있고 용처럼 말을 하더라
4) (계20:14) 사망과 음부도 불못에 던져지니 이것은 둘째 사망 곧 불못이라

# 천년 왕국 (20장)

계20:1~6 | 1 또 내가 보매 천사가 무저갱의 열쇠와 큰 쇠사슬을 그의 손에 가지
고 하늘로부터 내려와서[1)]
2 용을 잡으니 곧 옛 뱀이요 마귀요 사탄이라 잡아서 천 년 동안 결박하여
3 무저갱에 던져 잠그고 그 위에 인봉하여 천 년이 차도록 다시는 만국을 미혹하
지 못하게 하였는데 그 후에는 반드시 잠깐 놓이리라[2)]
4 또 내가 보좌들을 보니 거기에 앉은 자들이 있어 심판하는 권세를 받았더라 또
내가 보니 예수를 증언함과 하나님의 말씀 때문에 목 베임을 당한 자들[3)]의 영혼
들과 또 짐승과 그의 우상에게 경배하지 아니하고 그들의 이마와 손에 그의 표를
받지 아니한 자들이 살아서 그리스도와 더불어 천 년 동안 왕 노릇 하니
5 (그 나머지 죽은 자들은 그 천 년이 차기까지 살지 못하더라) 이는 첫째 부활이라
6 이 첫째 부활에 참여하는 자들은 복이 있고 거룩하도다 둘째 사망이 그들을 다
스리는 권세가 없고 도리어 그들이 하나님과 그리스도의 제사장이 되어 천 년 동
안 그리스도와 더불어 왕 노릇 하리라



1) (계9:1) 다섯째 천사가 나팔을 불매 내가 보니 하늘에서 땅에 떨어진 별 하나가 있는데 그가 무저갱의 열쇠를 받았더라
2) (계20:7~9) 7 천 년이 차매 사탄이 그 옥에서 놓여 8 나와서 땅의 사방 백성 곧 곡과 마곡을 미혹하고 모아 싸움을 붙이리니 그 수가 바다의 모래 같으리라
3) (계6:9) 다섯째 인을 떼실 때에 내가 보니 하나님의 말씀과 그들이 가진 증거로 말미암아 죽임을 당한 영혼들이 제단 아래에 있어

# 사탄의 패망 (20장)

계20:7~10 | 7 천 년이 차매 사탄[1]이 그 옥에서 놓여
8 나와서 땅의 사방 백성 곧 곡과 마곡[2]을 미혹하고 모아 싸움을 붙이리니 그 수
가 바다의 모래 같으리라[3]
9 그들이 지면에 널리 퍼져 성도들의 진과 사랑하시는 성을 두르매 하늘에서 불
이 내려와 그들을 태워버리고
10 또 그들을 미혹하는 마귀가 불과 유황 못[4]에 던져지니 거기는 그 짐승과 거짓
선지자도 있어[5] 세세토록 밤낮 괴로움을 받으리라

말씀과 성령 안에서 답을 찾으라

1) (계20:2) 용을 잡으니 곧 옛 뱀이요 사탄이라 잡아서 천 년 동안 결박하여
2) (겔38:2) 인자야 너는 마곡 땅에 있는 로스와 메섹과 두발 왕 곧 곡에게로 얼굴을 향하고 그에게 예언하여
3) (히11:12) 이러므로 죽은 자와 같은 한 사람으로 말미암아 하늘의 허다한 별과 또 해변의 무수한 모래와 같이 많은 후손이 생육하였느니라
4) (계20:14) 사망과 음부도 불못에 던져지니 이것은 둘째 사망 곧 불못이라
5) (계19:20) 짐승이 잡히고 그 앞에서 표적을 행하던 거짓 선지자도 함께 잡혔으니 이는 짐승의 표를 받고 그의 우상에게 경배하던 자들을 표적으로 미혹하던 자라 이 둘이 산 채로 유황불 붙는 못에 던져지고

# 크고 흰 보좌에서 심판을 내리시다 (20장)

계20:11~15 | 11 또 내가 크고 흰 보좌와 그 위에 앉으신 이[1]를 보니 땅과 하늘이
그 앞에서 피하여 간 데 없더라[2]
12 또 내가 보니 죽은 자들이 큰 자나 작은 자나 그 보좌 앞에 서 있는데 책들이
펴 있고 또 다른 책이 펴졌으니 곧 생명책이라 죽은 자들이 자기 행위[3]를 따라
책들에 기록된 대로 심판을 받으니
13 바다가 그 가운데에서 죽은 자들을 내 주고 또 사망과 음부도 그 가운데에서
죽은 자들을 내주매 각 사람이 자기의 행위대로 심판을 받고[4]
14 사망과 음부도 불못에 던져지니 이것은 둘째 사망 곧 불못이라
15 누구든지 생명책에 기록되지 못한 자는 불못에 던져지더라

말씀과 성령 안에서 답을 찾으라

1) (단7:9~10) 9 내가 보니 왕좌가 놓이고 옛적부터 항상 계신 이가 좌정하셨는데 그의 옷은 희기가 눈 같고 그의 머리털은 깨끗한 양의 털 같고 그의 보좌는 불꽃이요 그의 바퀴는 타오르는 불이며 10 불이 강처럼 흘러 그의 앞에서 나오며 그를 섬기는 자는 천천이요 그 앞에서 모셔 선 자는 만만이며 심판을 베푸는데 책들이 펴 놓였더라
2) (계21:1) 또 내가 새 하늘과 새 땅을 보니 처음 하늘과 처음 땅이 없어졌고 바다도 다시 있지 않더라
3) (마7:24, 요15:5)) 24 그러므로 누구든지 나의 이 말을 듣고 행하는 자는 그 집을 반석 위에 지은 지혜로운 사람 같으리니, 5 나는 포도나무요 너희는 가지라 그가 내 안에, 내가 그 안에 거하면 사람이 열매를 많이 맺나니 나를 떠나서는 너희가 아무것도 할 수 없음이라
4) (단12:2) 땅의 티끌 가운데에서 자는 자 중에서 많은 사람이 깨어나 영생을 받는 자도 있겠고 수치를 당하여서 영원히 부끄러움을 당할 자도 있을 것이며

# 새 하늘과 새 땅 (21장)

계21:1~8 | 1 또 내가 새 하늘과 새 땅을 보니 처음 하늘과 처음 땅이 없어졌고 바
다도 다시 있지 않더라[1]
2 또 내가 보매 거룩한 성 새 예루살렘이 하나님께로부터 하늘에서 내려오니 그
준비한 것이 신부가 남편을 위하여 단장한 것 같더라[2]
3 내가 또 들으니 보좌에서 큰 음성이 나서 이르되 보라 하나님의 장막이 사람들
과 함께 있으매 하나님이 그들과 함께 계시리니 그들은 하나님의 백성이 되고 하
나님은 친히 그들과 함께 계셔서
4 모든 눈물을 그 눈에서 닦아 주시니 다시는 사망이 없고 애통하는 것이나 곡하
는 것이나 아픈 것이 다시 있지 아니하리니 처음 것들이 다 지나갔음이러라
5 보좌에 앉으신 이가 이르시되 보라 내가 만물을 새롭게 하노라 하시고 또 이르
시되 이 말은 신실하고 참되니 기록하라 하시고
6 또 내게 말씀하시되 이루었도다[3] 나는 알파와 오메가요 처음과 마지막이라 내
가 생명수 샘물을 목마른 자에게 값 없이 주리니[4]
7 이기는 자[5]는 이것들을 상속으로 받으리라 나는 그의 하나님이 되고 그는 내
아들이 되리라
8 그러나 두려워하는 자들과 믿지 아니하는 자들과 살인자들과 음행하는 자들과
점술가들과 우상 숭배자들과 거짓말하는 모든 자들은 불과 유황으로 타는 못에
던져지리니 이것이 둘째 사망[6]이라

말씀과 성령 안에서 답을 찾으라

1) (계20:11) 또 내가 크고 흰 보좌와 그 위에 앉으신 이를 보니 땅과 하늘이 그 앞에서 피하여 간 데 없더라
2) (히11:10) 이는 그가 하나님이 계획하시고 지으실 터가 있는 성을 바랐음이라
3) (요19:30) 예수께서 신 포도주를 받으신 후에 이르시되 다 이루었다 하시고 머리를 숙이니 영혼이 떠나가시니라
4) (요4:10) 예수께서 대답하여 이르시되 네가 만일 하나님의 선물과 또 내게 물좀 달라 하는 이가 누구인 줄 알았더라면 네가 그에게 구하였을 것이요 그가 생수를 네게 주었으리라
5) (요일5:5) 예수께서 하나님의 아들이심을 믿는 자가 아니면 세상을 이기는 자가 누구냐
6) (계22:15) 개들과 점술가들과 음행하는 자들과 살인자들과 우상 숭배자들과 및 거짓말을 좋아하며 지어내는 자는 다 성 밖에 있으리라

# 새 예루살렘 (21장)

계21:9~27 | 9 일곱 대접을 가지고 마지막 일곱 재앙을 담은 일곱 천사 중 하나
가 나아와서 내게 말하여 이르되 이리 오라 내가 신부 곧 어린 양의 아내[1]를 네
게 보이리라 하고
10 성령으로 나를 데리고 크고 높은 산으로 올라가 하나님께로부터 하늘에서 내
려오는 거룩한 성 예루살렘을 보이니
11 하나님의 영광이 있어 그 성의 빛이 지극히 귀한 보석 같고 벽옥과 수정같이
맑더라
12 크고 높은 성곽이 있고 열두 문이 있는데 문에 열두 천사가 있고 그 문들 위에
이름을 썼으니 이스라엘 자손 열두 지파의 이름들이라
13 동쪽에 세 문, 북쪽에 세 문, 남쪽에 세 문, 서쪽에 세 문이니
14 그 성의 성곽에는 열두 기초석이 있고 그 위에는 어린 양의 열두 사도의 열두
이름이 있더라
15 내게 말하는 자가 그 성과 그 문들과 성곽을 측량하려고 금 갈대 자를 가졌 더라
16 그 성은 네모가 반듯하여 길이와 너비가 같은지라 그 갈대 자로 그 성을 측량
하니 만 이천 스타디온이요 길이와 너비와 높이가 같더라
17 그 성곽을 측량하매 백사십사 규빗이니 사람의 측량 곧 천사의 측량이라
18 그 성곽은 벽옥으로 쌓였고 그 성은 정금인데 맑은 유리 같더라
19 그 성의 성곽의 기초석은 각색 보석으로 꾸몄는데 첫째 기초석은 벽옥이요
둘째는 남보석이요 셋째는 옥수요 넷째는 녹보석이요



1) (계21:2) 또 내가 보매 거룩한 성 새 예루살렘이 하나님께로부터 하늘에서 내려오니 그 준비한 것이 신부가 남편을 위하여 단장한 것 같더라

20 다섯째는 홍마노요 여섯째는 홍보석이요 일곱째는 황옥이요 여덟째는 녹옥
이요 아홉째는 담황옥이요 열째는 비취옥이요 열한째는 청옥이요 열두째는 자
수정이라
21 그 열두 문은 열두 진주니 각 문마다 한 개의 진주로 되어 있고 성의 길은 맑
은 유리 같은 정금이더라
22 성안에서 내가 성전을 보지 못하였으니 이는 주 하나님 곧 전능하신 이와 및
어린 양이 그 성전이심이라
23 그 성은 해나 달의 비침이 쓸데없으니 이는 하나님의 영광이 비치고 어린 양
이 그 등불이 되심이라
24 만국이 그 빛 가운데로 다니고 땅의 왕들이 자기 영광을 가지고 그리로 들어
가리라[2)]
25 낮에 성문들을 도무지 닫지 아니하리니 거기에는 밤이 없음이라
26 사람들이 만국의 영광과 존귀를 가지고 그리로 들어가겠고
27 무엇이든지 속된 것이나 가증한 일 또는 거짓말하는 자는 결코 그리로 들어
가지 못하되 오직 어린 양의 생명책에 기록된 자들만 들어가리라[3)]



2) (계5:9~10) 9 그들이 새 노래를 불러 이르되 두루마리를 가지시고 그 인봉을 떼기에 합당하시도다 일찍이 죽임을 당하사 각 족속과 방언과 백성과 나라 가운데에서 사람들을 피로 사서 하나님께 드리시고 10 그들로 우리 하나님 앞에서 나라와 제사장을 삼으셨으니 그들이 땅에서 왕 노릇 하리로다 하더라

3) (욜3:17) 그런즉 너희가 나는 내 성산 시온에 사는 너희 하나님 여호와인 줄 알 것이라 예루살렘이 거룩하리니 다시는 이방 사람이 그 가운데로 통행하지 못하리로다

# 생명수의 강 (22장)

계22:1~5 | 1 또 그가 수정같이 맑은 생명수의 강을 내게 보이니 하나님과 및 어
린 양의 보좌로부터 나와서
2 길 가운데로 흐르더라 강 좌우에 생명 나무[1]가 있어 열두 가지 열매를 맺되 달
마다 그 열매를 맺고 그 나무 잎사기들은 만국을 치료하기 위하여 있더라
3 다시 저주가 없으며 하나님과 그 어린 양의 보좌가 그 가운데에 있으리니 그의
종들[2]이 그를 섬기며
4 그의 얼굴을 볼 터이요 그의 이름도 그들의 이마에 있으리라
5 다시 밤이 없겠고 등불과 햇빛이 쓸데 없으니 이는 주 하나님이 그들에게 비치
심이라 그들이 세세토록 왕 노릇 하리로다



1) (창2:9) 여호와 하나님이 그 땅에서 보기에 아름답고 먹기에 좋은 나무가 나게 하시니 동산 가운데에는 생명 나무와 선악을 알게 하는 나무도 있더라

2) (계7:9~10) 9 이 일 후에 내가 보니 각 나라와 족속과 백성과 방언에서 아무도 능히 셀 수 없는 큰 무리가 나와 흰옷을 입고 손에 종려 가지를 들고 보좌 앞과 어린 양 앞에 서서 10 큰 소리로 외쳐 이르되 구원하심이 보좌에 앉으신 우리 하나님과 어린 양에게 있도다 하니

# 주 예수여 오시옵소서 (22장)

계22:6~21 | 6 또 그가 내게 말하기를 이 말은 신실하고 참된지라 주 곧 선지자
들의 영의 하나님이 그의 종들에게 반드시 속히 되어질 일을 보이시려고 그의 천
사를 보내셨도다
7 보라 내가 속히 오리니 이 두루마리의 예언의 말씀을 지키는 자는 복이 있으리
라 하더라[1)]
8 이것들을 보고 들은 자는 나 요한이니 내가 듣고 볼 때에 이 일을 내게 보이던
천사의 발 앞에 경배하려고 엎드렸더니
9 그가 내게 말하기를 나는 너와 네 형제 선지자들과 이 두루마리의 말을 지키는
자들과 함께 된 종이니 그리하지 말고 하나님께 경배하라 하더라
10 또 내게 말하되 이 두루마리의 예언의 말씀을 인봉하지 말라 때가 가까우니라
11 불의를 행하는 자는 그대로 불의를 행하고 더러운 자는 그대로 더럽고 의로운
자는 그대로 의를 행하고 거룩한 자는 그대로 거룩하게 하라
12 보라 내가 속히 오리니 내가 줄 상이 내게 있어 각 사람에게 그가 행한 대로
갚아 주리라
13 나는 알파와 오메가요 처음과 마지막이요 시작과 마침이라[2)]
14 자기 두루마기를 빠는 자[3)]들은 복이 있으니 이는 그들이 생명나무에 나아가
며 문들을 통하여 성에 들어갈 권세를 받으려 함이로다

말씀과 성령 안에서 답을 찾으라

1) (계3:11) 내가 속히 오리니 네가 가진 것을 굳게 잡아 아무도 네 면류관을 빼앗지 못하게 하라
2) (계21:6) 또 내게 말씀하시되 이루었도다 나는 알파와 오메가요 처음과 마지막이라 내가 생명수 샘물을 목마른 자에게 값없이 주리니
3) (계7:14) 내가 말하기를 내 주여 당신이 아시나이다 하니 그가 나에게 이르시되 이는 큰 환난에서 나오는 자들인데 어린 양의 피에 그 옷을 씻어 희게 하였느니라

15 개들과 점술가들과 음행하는 자들과 살인자들과 우상 숭배자들과 및 거짓말
을 좋아하며 지어내는 자는 다 성 밖에 있으리라[4)]
16 나 예수는 교회들을 위하여 내 사자[5)]를 보내어 이것들을 너희에게 증언하게
하였노라 나는 다윗의 뿌리요 자손이니 곧 광명한 새벽별이라 하시더라
17 성령과 신부가 말씀하시기를 오라 하시는도다 듣는 자도 오라 할 것이요 목마
른 자도 올 것이요 또 원하는 자는 값없이 생명수를 받으라 하시더라
18 내가 이 두루마리의 예언의 말씀을 듣는 모든 사람에게 증언하노니 만일 누구
든지 이것들 외에 더하면 하나님이 이 두루마리에 기록된 재앙들을 그에게 더하
실 것이요
19 만일 누구든지 이 두루마리의 예언의 말씀에서 제하여 버리면 하나님이 이 두
루마리에 기록된 생명나무와 및 거룩한 성에 참여함을 제하여 버리시리라
20 이것들을 증언하신 이가 이르시되 내가 진실로 속히 오리라 하시거늘 아멘
주 예수여 오시옵소서
21 주 예수의 은혜가 모든 자들에게 있을지어다 아멘[6)]

말씀과 성령 안에서 답을 찾으라

4) (계21:8) 그러나 두려워하는 자들과 믿지 아니하는 자들과 흉악한 자들과 살인자들과 음행하는 자들과 점술가들과 우상 숭배자들과 거짓말하는 모든 자들은 불과 유황으로 타는 못에 던져지리니 이것이 둘째 사망이라

5) (눅1:11~13, 계1:1, 20, 22:6) 11 주의 사자가 그에게 나타나 향단 우편에 선지라 12 사가랴가 보고 놀라며 무서워하니 13 천사가 그에게 이르되 사가랴여 무서워하지 말라 너의 간구함이 들린지라 네 아내 엘리사벳이 네게 아들을 낳아 주리니 그 이름을 요한이라 하라, 1 예수 그리스도의 계시라 이는 하나님이 그에게 주사 반드시 속히 일어날 일들을 그 종들에게 보이시려고 그의 천사를 그 종 요한에게 보내어 알게 하신 것이라, 20 네가 본 것은 내 오른손의 일곱 별의 비밀과 또 일곱 금 촛대라 일곱 별은 일곱 교회의 사자요 일곱 촛대는 일곱 교회니라, 6 또 그가 내게 말하기를 이 말은 신실하고 참된지라 주 곧 선지자들의 영의 하나님이 그의 종들에게 반드시 속히 되어질 일을 보이시려고 그의 천사를 보내셨도다

6) (딤후4:8) 이제 후로는 나를 위하여 의의 면류관이 예비되었으므로 주 곧 의로우신 재판장이 그날에 내게 주실 것이며 내게만 아니라 주의 나타나심을 사모하는 모든 자에게도니라